童話風可愛女孩的

服裝穿搭設計

佐倉織子

ネコ集会の
おしらせ
おやつ
特売日

G A L
1:37

OHANA
Fluffy

CONTENTS

秋季服裝設計

AUTUMN Catalog

冬季服裝設計

WINTER Catalog

髮型設計

HAIR Catalog

卷末附錄 多角度作畫資料集

前言

大家好，我是佐倉織子。
這次非常感謝大家購買《童話風可愛女孩的服裝穿搭設計》一書。

本書的概念是**「可愛女孩的服裝穿搭集」**，
因此我以**「可愛」**為主題，繪製了許多私服穿搭設計。

我想依據每個讀者的情況，
例如想要考慮角色設計和服裝時，
想替自己創作的角色或喜歡的偶像穿搭衣服時，
以及找尋自己想試穿的衣服時，
都應該會有各種不同的用法。
此外，本書也收錄了髮型設計，還附加了從各種角度進行繪製的速寫集。

因為本書的服裝穿搭是以全彩呈現，
除了作為穿著打扮的設計，也是配色的參考資料，
就能更加擴大設計創意的範圍。
請大家務必將本書作為煩惱時的創意發想手冊來活用。

這次出版的書籍對於想要描繪可愛女孩的讀者，
若能在創作上有所幫助的話，那我將會深感榮幸。

佐倉織子

CHAPTER 1

服裝穿搭的思考方式

LESSON

服裝穿搭的基礎

即使想要立刻做出服裝整體的穿搭，也不是一件容易的事。
首先要掌握基礎的思考方式，再進行挑戰！

必須事先學會的基礎

決定主要服裝

考慮服裝穿搭時，就先決定主要服裝吧！我們以主要服裝作為構思的起點，將襯托主要服裝的其他衣服和顏色搭配組合在一起。

調整配色

在時尚穿搭使用的配色，基本是以3色為主。雖然不是絕對的規則，但這是不會和預期產生出入，能調整顏色平衡的顏色數量。

使用單品

服裝穿搭不是只有衣服這部分，而是要連同包包、髮圈或飾品等配件一起搭配，形成一組穿搭。設計穿搭時常常會忘記這點，但盡量去活用配件吧！

考慮服裝穿搭的過程

1 決定主題

考慮服裝穿搭之前，首先要決定主題。「要在哪種情境穿的？」、「什麼時候要穿的？」根據這些問題，適合的服裝會有極大不同。

2 決定主要服裝

配合主題決定主要服裝。只要按照主題，不論是上衣、下半身衣物，還是外套都不用擔心。這次就試著將荷葉邊裙子作為主要服裝。

3 決定輪廓

4 設計細節

5 決定配色

6 提升品質

勾勒出角色的大略線條。在這個時間點主要是考慮輪廓，所以不用在意細節，只要知道粗略的形狀即可。

設計細節。例如衣領和袖子的形狀、加上滾邊和蝴蝶結這種點綴物，添加髮飾等配件，再修整形狀。

細節明確後開始上色。這次將裙子畫成粉紅色，讓裙子很顯眼，再以白色和茶色組成其他部分，作為陪襯物。

加工修正後，便完成設計草圖。在髮夾添加白色的重點設計、改變裙子顏色，並且在襪子上方加上黑色。

輪廓的思考方式

打造時尚的服裝穿搭時，要顧慮的就是輪廓。
記住基本形狀，將其反映在設計上吧！

基本的輪廓線條

X 線條

X 線條的特徵就是收緊腰部曲線，看起來是有變化、富有女人味的輪廓。因為這種線條容易強調胸部和腰部，所以也會產生性感且成熟的印象。

I 線條

整體而言是纖細狀態，沒有 X 線條那種緊實感，而是苗條的身材，這就是 I 線條的特徵。因為是縱向修長的線條，所以能充分展現角色的身材。

A 線條

A 線條的特徵就是上半身瘦長，下半身豐腴。因為沒有要強調變化，所以能呈現出不經意的女人味。此外，A 線條也會產生帶有安定感的印象。

Y 線條

Y 線條就是上半身豐腴，下半身瘦長。可以強調修長的雙腿，呈現出成熟氛圍。此外，這種線條也能遮掩上半身的體型。

✕ 輪廓的調整範例

增加輪廓大小

這是簡單的設計範例。剛開始設計時，容易形成像這樣乍看之下覺得有點美中不足的設計。遇到這種情況，就要在之後增加輪廓大小。

將裙襬幅度加大，營造出 A 線條的輪廓，並添加滾邊和蝴蝶結來增加輪廓大小。稍微增加黑色的面積，也藉此讓色調更鮮明。

降低輪廓大小

這是堆疊太多要素，失去平衡的範例。輪廓不俐落，變成有點俗氣的狀態。遇到這種情況，就要透過減少處理來調整平衡。

減少頭髮和裙子展開的範圍，讓輪廓變清爽。也減少大量的滾邊和蝴蝶結，同時加以調整，避免要素有所衝突。披肩也跟著縮小。

配色的基礎知識

配色是考慮服裝穿搭時的重要要素。
在此先來掌握基礎知識吧！

利用配色要記住的東西

決定主題顏色

服裝穿搭中的配色基礎，是要保持「基調色」、「配合色」和「強調色」的平衡。「基調色」是指作為主角的顏色，一般認為理想狀態是占全體的 70% 左右。「配合色」是指襯托「基調色」的顏色，標準是占全體的 25% 左右。而「強調色」是用來增加變化、使畫面鮮明的顏色，標準是占全體的 5% 左右。關於比例的多寡，充其量就是一個標準，所以請作為參考即可。

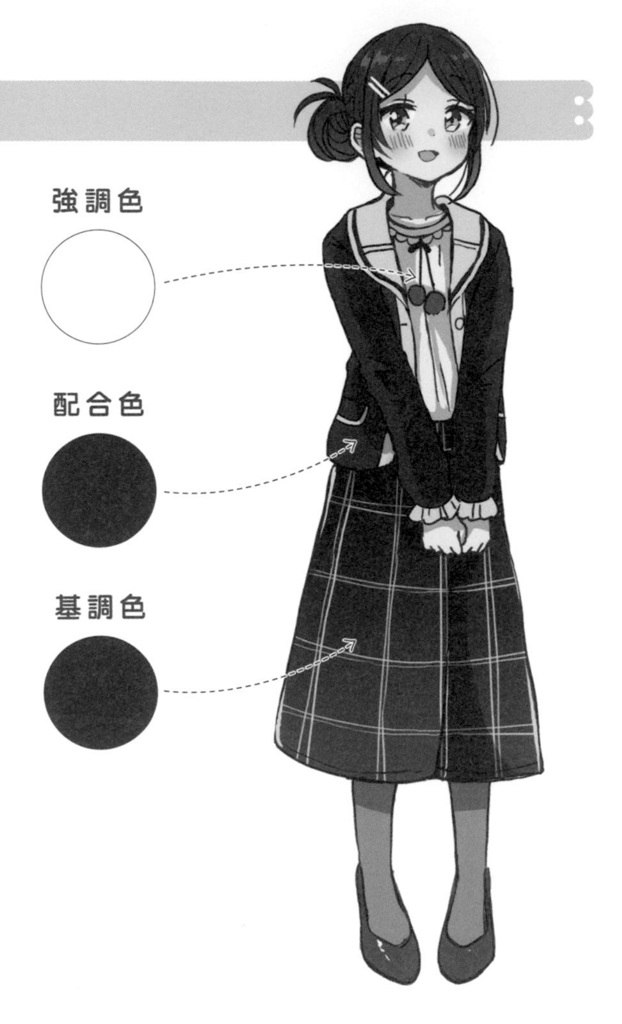

將色調搭配在一起

選擇顏色時，希望大家注意一點，就是要將色調配合在一起。「色調」是指根據明度和彩度等要素的差異，呈現不同顏色的狀態。沒有配合色調選色的話，即使遵守顏色比例，也會變成不協調的配色。所以最重要的一點，就是盡量選擇相近的明度和彩度的顏色去配色。在童話風設計中，經常會使用粉彩色系。

鮮豔

粉彩

方便使用的顏色組合

藍色＋白色＋深藍色

基調色

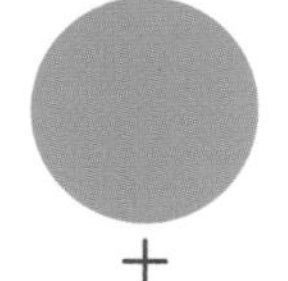

＋

配合色

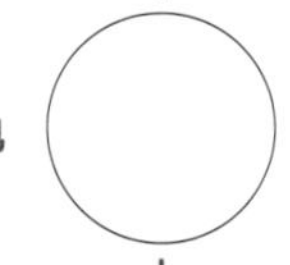

＋

強調色

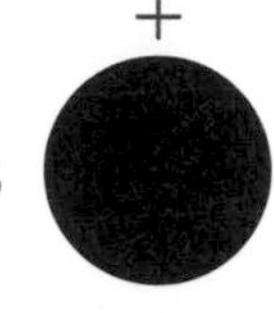

這是以淡藍色作為主角的素淨色彩組合。藍色雖然是給人冷淡印象的顏色，但降低彩度的話就能減少這種印象。藍色搭配白色，就會形成更溫柔的印象。深藍色則是使整體更鮮明的強調色。

黃色＋深藍色＋白色

基調色

＋

配合色

＋

強調色

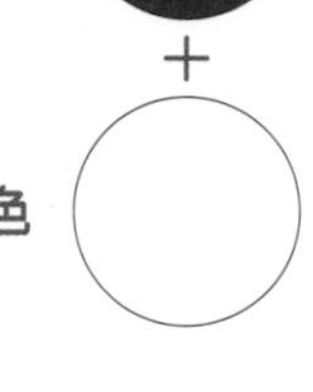

這是以亮黃色作為主角的華麗顏色組合。在明亮顏色搭配「深藍色」這種深色顏色，就會形成對比鮮明的印象。不會干擾其他顏色的白色是強調色。

粉紅色＋象牙色＋茶色

基調色

＋

配合色

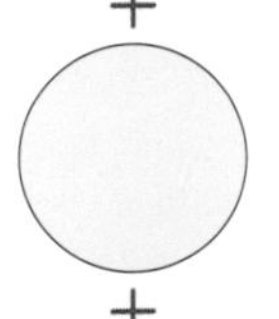

＋

強調色

這是以粉紅色為主角的女孩風顏色組合。粉紅色和白色的範圍大小幾乎一樣，但屬於無彩色的白色不太顯眼，所以使用上不會有問題。但是這 2 色屬於淺色，所以利用深色的茶色使顏色變得更鮮明。

綠色＋象牙色＋茶色＋紅色

基調色

＋

配合色

＋

強調色①

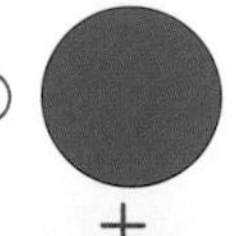

＋

強調色②

這是以綠色為主角的自然系顏色組合。綠色和茶色搭配度良好，象牙色是不會造成干擾的顏色，所以顏色平衡極佳。在這個組合參雜了作為第 4 色而且和綠色很搭配的紅色。

因配色形成的印象差異

清爽的配色

這是以白色襯托顏色較深且帶有涼爽印象的藍色之配色。整體而言是明亮的色調，帶來清爽和溫柔的印象。此外，整體看起來很樸素，所以也能留下素淨的印象。

高雅的配色

這是樸素的酒紅色搭配黑色的組合。紅色和黑色的配色是帥氣配色的基本款，會形成一種高雅的氛圍。黑色部分選擇比全黑稍微淺一點的顏色，比較容易呈現出女性氣質。

即使是一樣的服裝，只要配色不同，就能給人如此不一樣的印象喔！

有女人味的配色

使用淺紫色的話，女人味的印象就會增強。雖然這是接近藍色＋白色的組合，但因為有紅色系的顏色參雜在裡面，而且顏色是淺色，所以會形成溫柔的印象。此外，淺紫色也不如粉紅色那麼甜美。

基調色＋白色或黑色是簡單的 2 色搭配，而且很好運用喔！

休閒的配色

卡其色＋黃色會形成休閒的印象。深黃色相當容易引人注目，而且很鮮豔，所以和給人安心感的卡其色一起搭配，藉此形成對比鮮明的時尚色調。

試著使用花紋吧！

印象會因為顏色產生很大的變化，但如果是素色的話，也可能出現冷清的氛圍。為了提高設計性，也試著在服裝中加入花紋吧！

使用花紋進行改造

事先了解實用的花紋

圓點、碎花、條紋和格子是基本款花紋。事先了解這些基本款，覺得有點不滿意時，就可將花紋納入設計中，會非常有幫助。積極採用這些花紋吧！

花紋只有1種比較保險

雖說有實用的花紋，但也要注意過度使用的問題。在整體穿搭中使用 1 種花紋是比較保險的。若使用好幾個花紋，彼此訴求的效果會有所衝突，變成不協調的狀態。

也要注意花紋的顏色

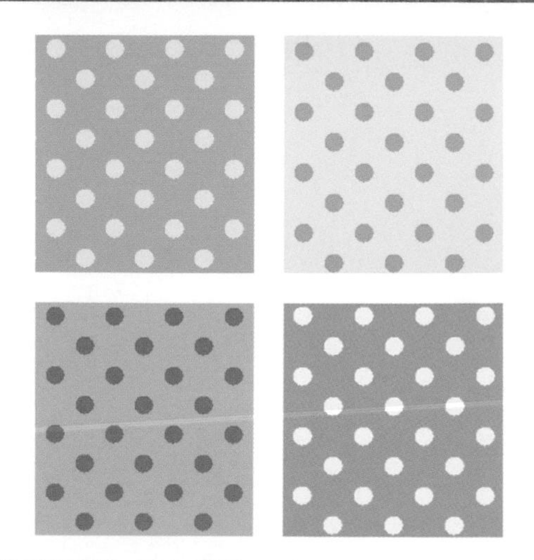

即使是相同花紋，顏色改變的話，氛圍就會不一樣。在底色和花紋顏色做出對比的話，就會形成鮮明的印象。若兩者都採用同色系，則會形成柔和印象。

若使用複數花紋，就要增添變化

無論如何都想要以花紋搭配花紋時，將其中一個花紋的尺寸縮小、降低色調，將主要花紋和輔助花紋的關係明確化，會比較容易搭配。

童話風改造技巧

在服裝穿搭中添加童話風氛圍，
一起學習改造成可愛氣息的關鍵和方法吧！

營造童話風的必要關鍵

添加滾邊和蕾絲

滾邊和蕾絲是童話風改造的基礎。若在衣領、下襬和裙子等部位添加滾邊或蕾絲，就很容易形成帶有童話感的衣服。

繫上蝴蝶結

蝴蝶結也是實用的道具，舉例來說，當角色繫上大蝴蝶結，就會立刻變得很有女孩氣質。有時也會和小蝴蝶結一起並排。

配戴飾品

覺得不夠滿意時，加入配合衣服風格的配件就能形成華麗感。也可以加上小飾品。

放入動物和植物的要素

動物和植物可以添加自然感。例如試著將植物作為花紋、試著以動物為主題來設計的這種技巧。

改變袖子和下襬的形狀

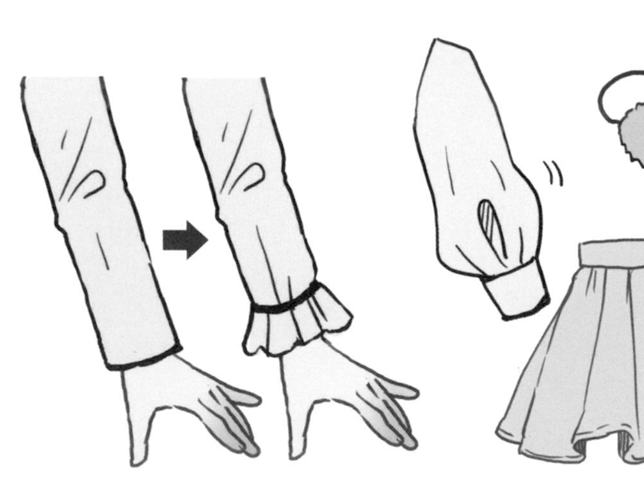

在袖子和下襬添加變化也是一個關鍵。可以將袖子加大變寬，讓袖子變得輕飄飄，或是添加滾邊或蕾絲。

添加飄飄然的感覺

在衣服的某處營造出有飄飄然的區域吧！例如使用柔軟的布料，或是在衣服上添加隆起和飄揚感等等。

實際的改造技巧

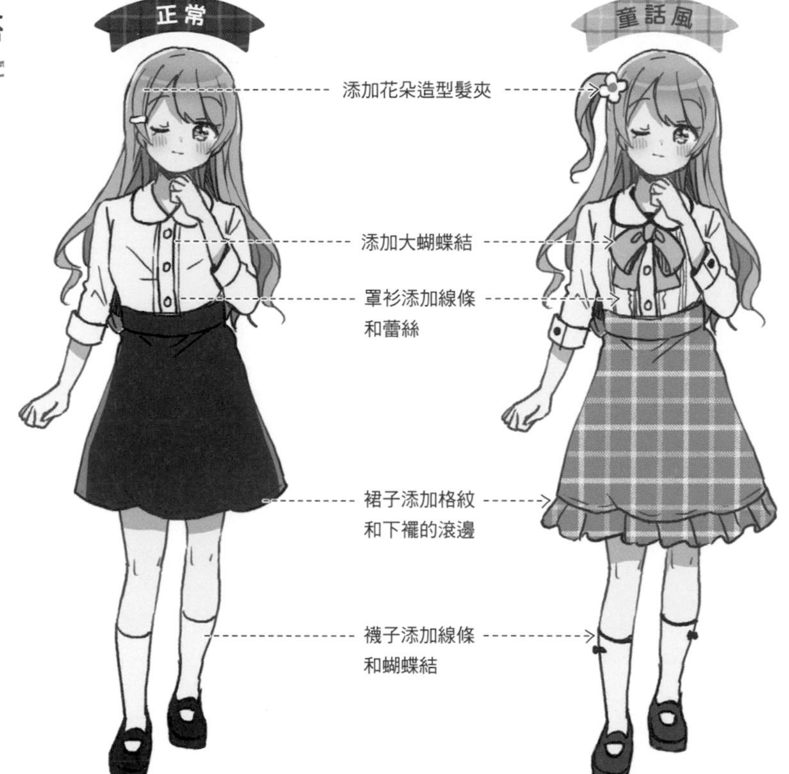

髮型也是服裝穿搭的一部分。別忘了一起改造喔！

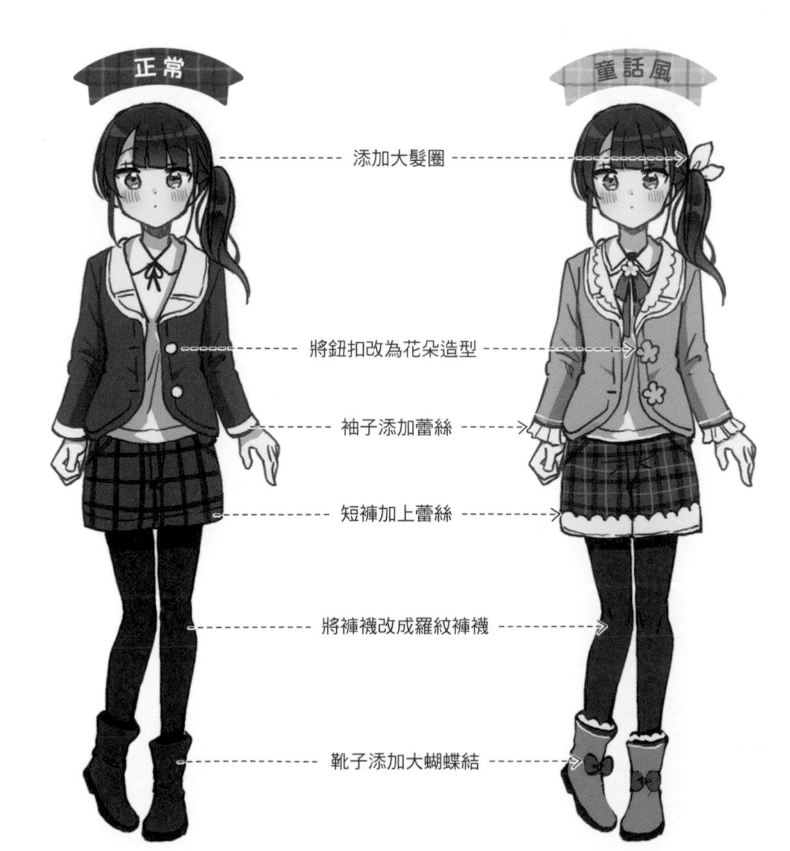

增加明亮顏色的面積，就能產生可愛印象喔！

COLUMN

基本技巧

滾邊只要利用「描繪根部和下襬」、「以線段將根部和下襬連接起來」、「描繪皺褶」這 3 個步驟，就能簡單繪製出來。反覆描繪練習，試著在衣服中加入滾邊吧！

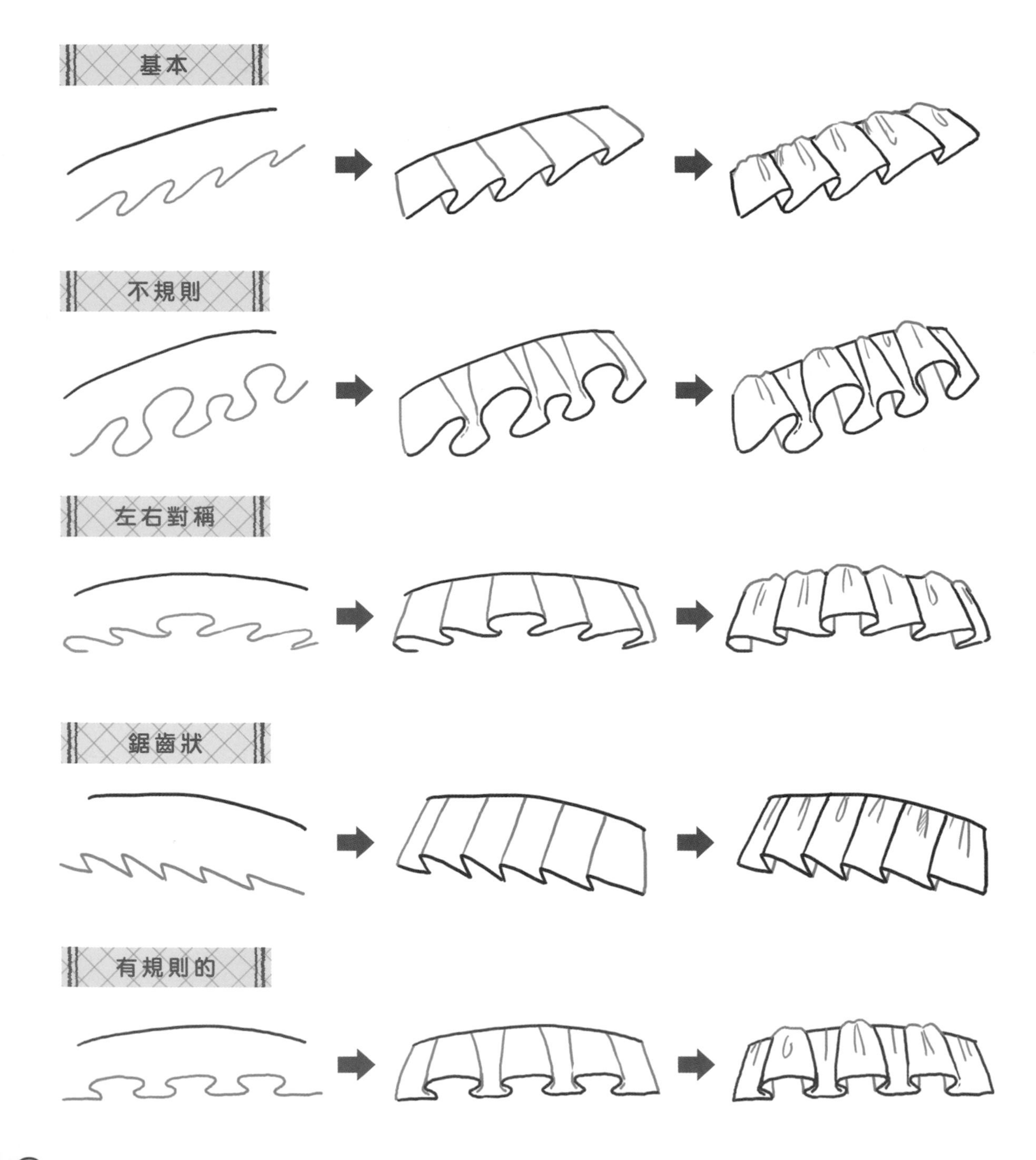

春季服裝設計

SPRING Catalog

外出穿搭

草莓花紋很可愛的
春天甜美可愛風格

以讓人感受到春天氣息的草莓花紋連身裙為主要服裝，加上淡藍綠色的牛仔外套，營造出有點甜美的穿搭。主要服裝是草莓花紋，所以別上草莓花朵的髮夾，作為可愛的強調點。

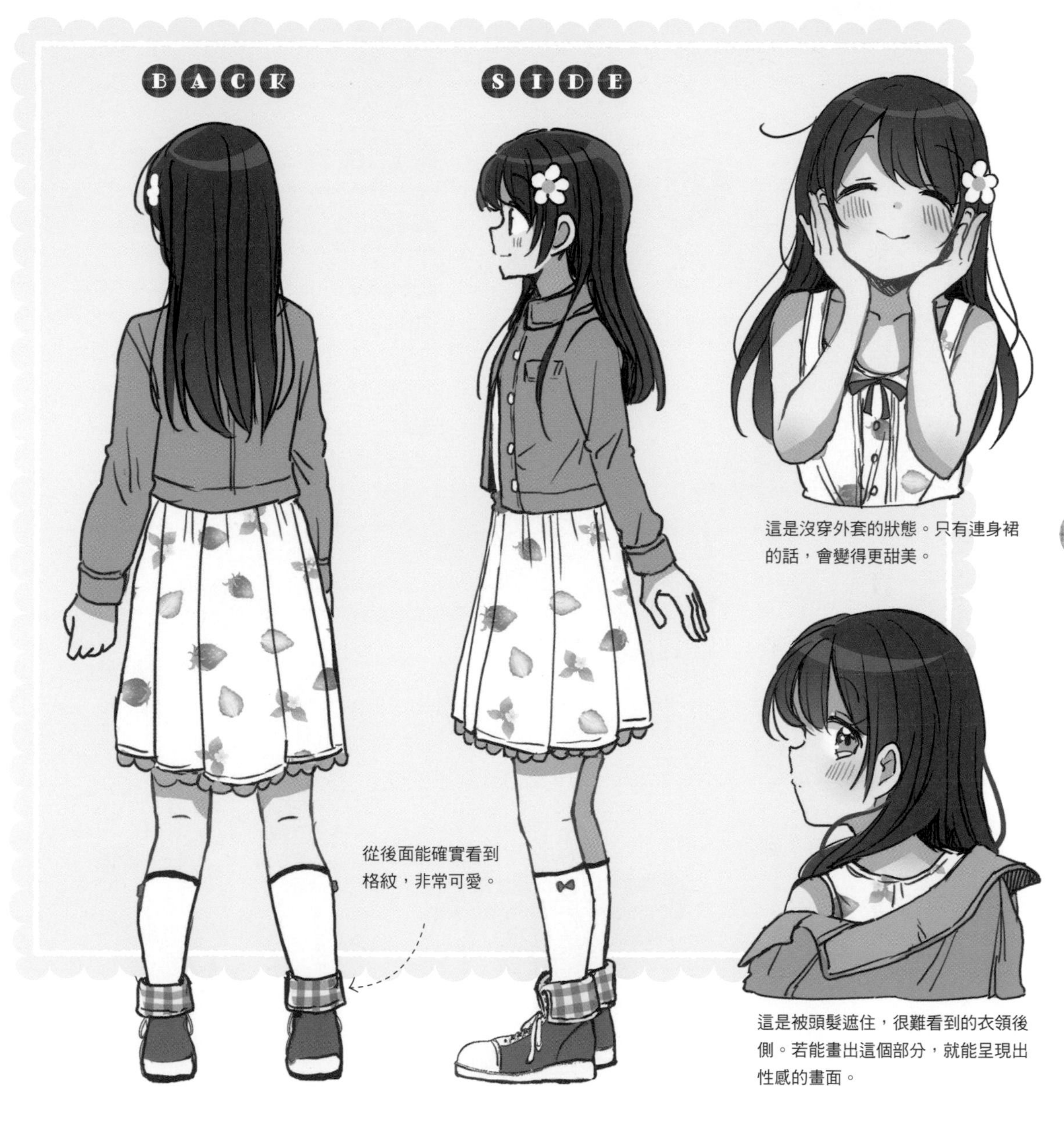

這是沒穿外套的狀態。只有連身裙的話，會變得更甜美。

這是被頭髮遮住，很難看到的衣領後側。若能畫出這個部分，就能呈現出性感的畫面。

PICK UP Variation / 草莓花紋的變化

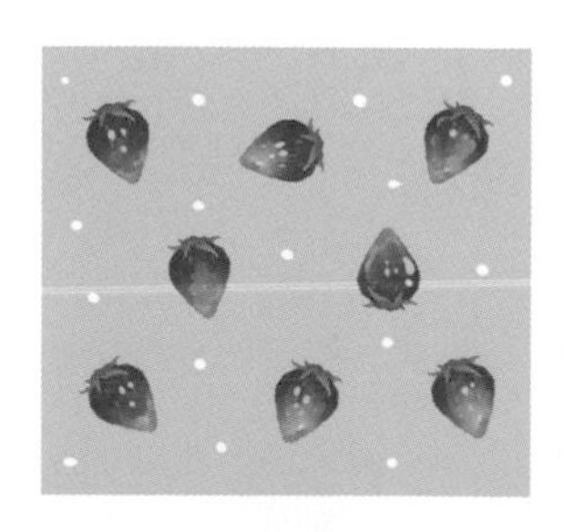

有規則的配置

不規則配置

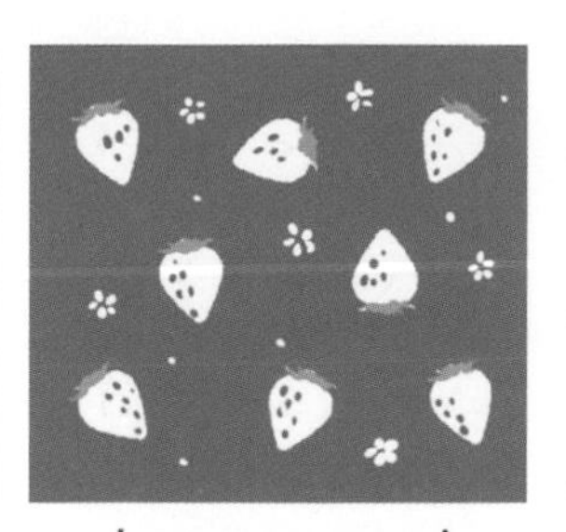

草莓是白色，背景為其他顏色

圓點和草莓

粉紅色荷葉邊連身裙營造的甜美外出穿搭

這是以粉紅色布料碎花連身裙作為主要服裝的穿搭，裙子上有大量荷葉邊且充滿甜美滋味。以柔軟布料增加可愛度，而且在強調點使用白色，也提升了清秀感。襪子邊緣也加上滾邊，鞋子上則有大蝴蝶結。這是充滿各種甜美風情的穿搭。

古典女孩風的刺繡裙子

蕾絲風格中加入白色刺繡且顏色較深的棕色格紋裙，和獨特的下襬不規則襯衫的搭配，呈現出古典氛圍。肩膀是採用泡泡袖款式，在袖子加上格紋，也是古典風的關鍵要素。鞋子的蝴蝶結稍微細一點，減少甜美度。

像草莓牛奶一樣的粉紅色和白色的連身裙

這是將春天的經典顏色──粉紅色和白色組合在一起的連身裙穿搭。將粉紅色的顏色變淡，藉此呈現出溫柔的甜美滋味。胸前的馬甲風拼接設計，也是可愛的關鍵要素。袖子是較寬的喇叭袖款式，展現出女人味。強調點是紅色包腳跟鞋。

以粉紅色開襟外套營造的飄飄然春天穿搭

在飄飄然白色蕾絲素材連身裙上面，加上粉紅色開襟外套，形成甜美又帶點孩子氣的風格。領口呈圓弧形，也更加突顯甜美氣息。上半身是較淺的色調，所以和深色包腳跟鞋一起搭配，調整顏色平衡。

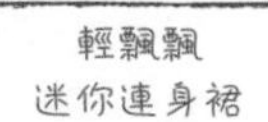

獨處日穿搭

花朵很可愛的薰衣草色穿搭

這個穿搭是以假日一個人出門到附近的女孩為形象而設計的，展現出不講究又可愛的風格。利用薰衣草色呈現春天感，讓裙子有透明感，藉此營造女孩氣質。大腸髮圈和連帽上衣的抽繩都採用花朵主題，讓穿搭維持一致感。

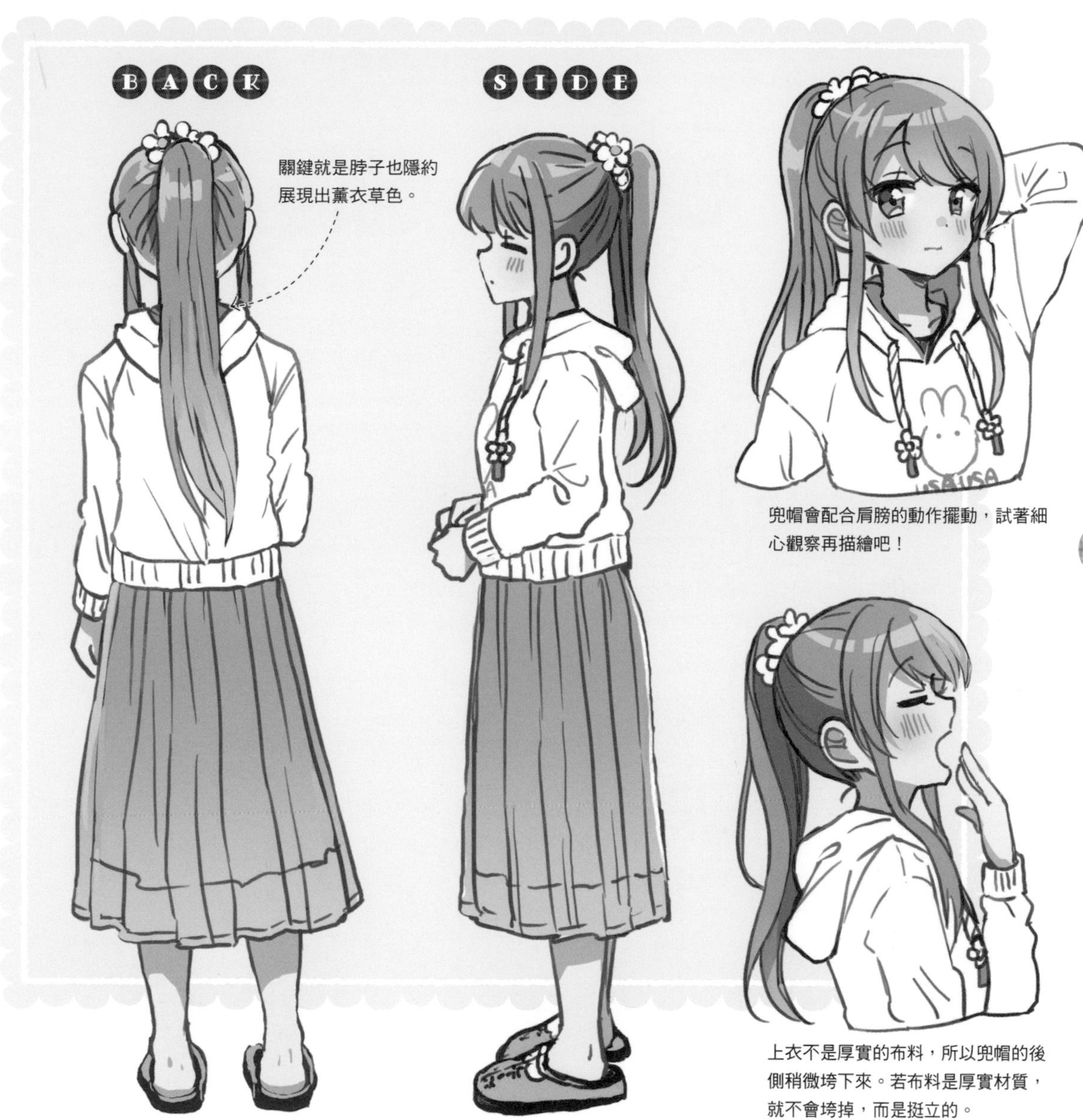

PICK UP Variation / 連帽上衣的變化

在家度過一整天的耍廢輕鬆穿搭

這是以淺粉紅色運動衫為主要服裝，再搭配格紋短褲和內搭褲，方便度過一整天的穿搭。在運動衫領口自然地加上小蕾絲，營造出可愛時尚的風格。配合穿搭將頭髮綁成一束，使整體變清爽。

利用寬褲營造的寬鬆柔軟穿搭

利用讓人感受到春天氣息的黃綠色寬褲，和棉質素材的蕾絲上衣，營造出充滿自然感的穿搭。在寬褲下襬縫上樸素的蕾絲，自然地提升可愛度，並在胸前搭配皮繩項鍊，提高時尚度。

以碎花長版連帽上衣營造的華麗、寬鬆且柔軟的穿搭

長度到膝蓋上面的長版連帽上衣，是能只穿一件衣服的輕鬆穿搭基本款。為了方便穿著，選擇拉鍊的款式。設計成淺色碎花，同時加以調整，避免整體過於樸素。這是很適合假日在房間悠閒度日的穿搭。

拉鍊式長版連帽上衣

格紋波浪裙

以角色印花T恤&波浪裙營造的暖色休閒穿搭

這是寬鬆的角色Ｔ恤搭配格紋裙的穿搭。利用飄飄然且展開幅度寬的裙子將輪廓變可愛。以較薄的黑色褲襪襯托整體，同時利用白色和粉紅色的高筒運動鞋保持顏色的平衡。

女孩穿搭

以淺粉紅色點綴的
軟綿綿女孩穿搭

這是以具有春天感的櫻花色裙子為重點，搭配飄揚的罩衫，並以粉彩色整合的女孩氣質穿搭。裙襬的深色線條使設計更鮮明。薄料花紋褲襪也是更加襯托女孩氣質的關鍵要素。

PICK UP Variation♡ / 蕾絲衣領的變化

清爽的
粉綠色穿搭

這是清爽的粉綠色格紋迷你裙搭配大衣領罩衫的穿搭。迷你裙的下襬蕾絲是可愛關鍵。利用裙子和袖口飄然展開的輪廓，形成可愛女孩印象。

混色的
甜美棉花糖穿搭

這是運用有點性感的露臂上衣營造的穿搭。為了呈現早春的快樂氛圍，顏色選擇了經常在彩色棉花糖中使用的粉藍色、淺粉紅色，以及粉橘色。即使顏色種類多，統一成粉彩色調，也能順利整合顏色。

有點成熟的
摩卡色穿搭

在胸前以大荷葉邊作為點綴，並將較為甜美的罩衫設計成摩卡色，這是即使和格紋迷你裙搭配，也能稍微增添沉穩氛圍的穿搭。纖瘦細腰也會令人注意到 X 線條。強調點是櫻桃花紋的襪子。

以花朵為主題
寬鬆且柔軟的女孩穿搭

碎花迷你裙配上袖口貼著花朵造型蕾絲的女孩氣質上衣，藉此呈現出春天感穿搭。走路時袖口和裙子會擺動，會變得更加可愛。主要服裝是淺色，所以將包腳跟鞋的顏色畫深，保持顏色的平衡。

野餐穿搭

寬鬆舒適的春天野餐穿搭

長版連帽上衣的兜帽設計成左右不對稱配色，藉此可以展現出獨特風格的穿搭。衣服上有許多藍色系的冷色，但因為基調是米色系，便產生了自然的印象。內搭褲使用深藍色，使整體顏色更鮮明。

PICK UP Variation / 內搭褲的變化

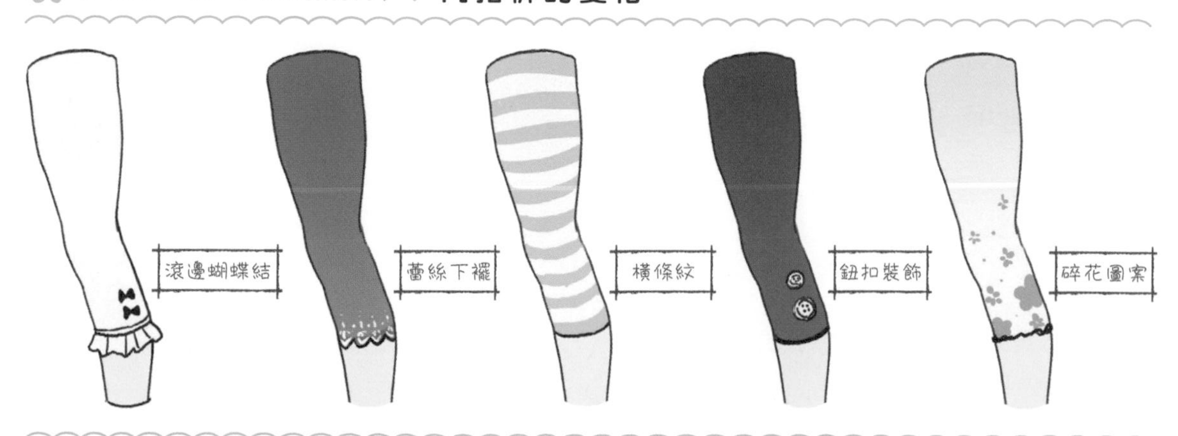

以寬褲營造 舒服寬鬆的成熟穿搭

這是寬領口罩衫搭配褲管寬的寬褲，穿起來很舒適的穿搭。上衣紮在褲子裡面並將袖子捲起來，藉此表現出隨興的成熟感。雖然服裝比較簡單，但衣領蕾絲和腰部蝴蝶結綁帶等設計，都低調地加入了可愛氣息。

櫻花色和海軍藍的 甜美成熟穿搭

這是以櫻花色碎花刺繡大裙子為主要服裝，同時為了避免過於甜美，搭配海軍藍開襟外套的穿搭。可以從開襟外套的縫隙看到內搭服的條紋花樣，非常時尚。花朵造型的大腸髮圈雖然小小的，卻是調整顏色平衡的重點設計。

融入自然中的
綠色與黑色的穿搭

將淺綠色牛仔外套搭配黑色雪紡百褶裙，這個穿搭是想像著彷彿要和野餐風景自然融為一體一樣去呈現。雪紡素材有透明感，所以即使是黑色裙子也能產生涼爽印象。將外套袖子捲起來，展現隨興氛圍。

以碎花長連身裙營造出
充滿春天感的素淨穿搭

這是利用正統碎花長連身裙營造充滿大小姐氛圍的素淨穿搭。透過大領子、胸前和下襬的蕾絲，增添甜美度。但若過於甜美，看起來會很孩子氣，所以將連身裙畫成淺紫色，展現高雅氣質。

散步穿搭

可愛又有男孩子氣的春天散步穿搭

這是以布料堅挺的 Polo 衫和牛仔短褲，整合出方便活動的男孩子氣穿搭。試著活用牛仔褲的藍色，以藍色系統一整體。帽子選擇報童帽，藉此添加女孩氣質。重點設計是胸前的燙布貼。

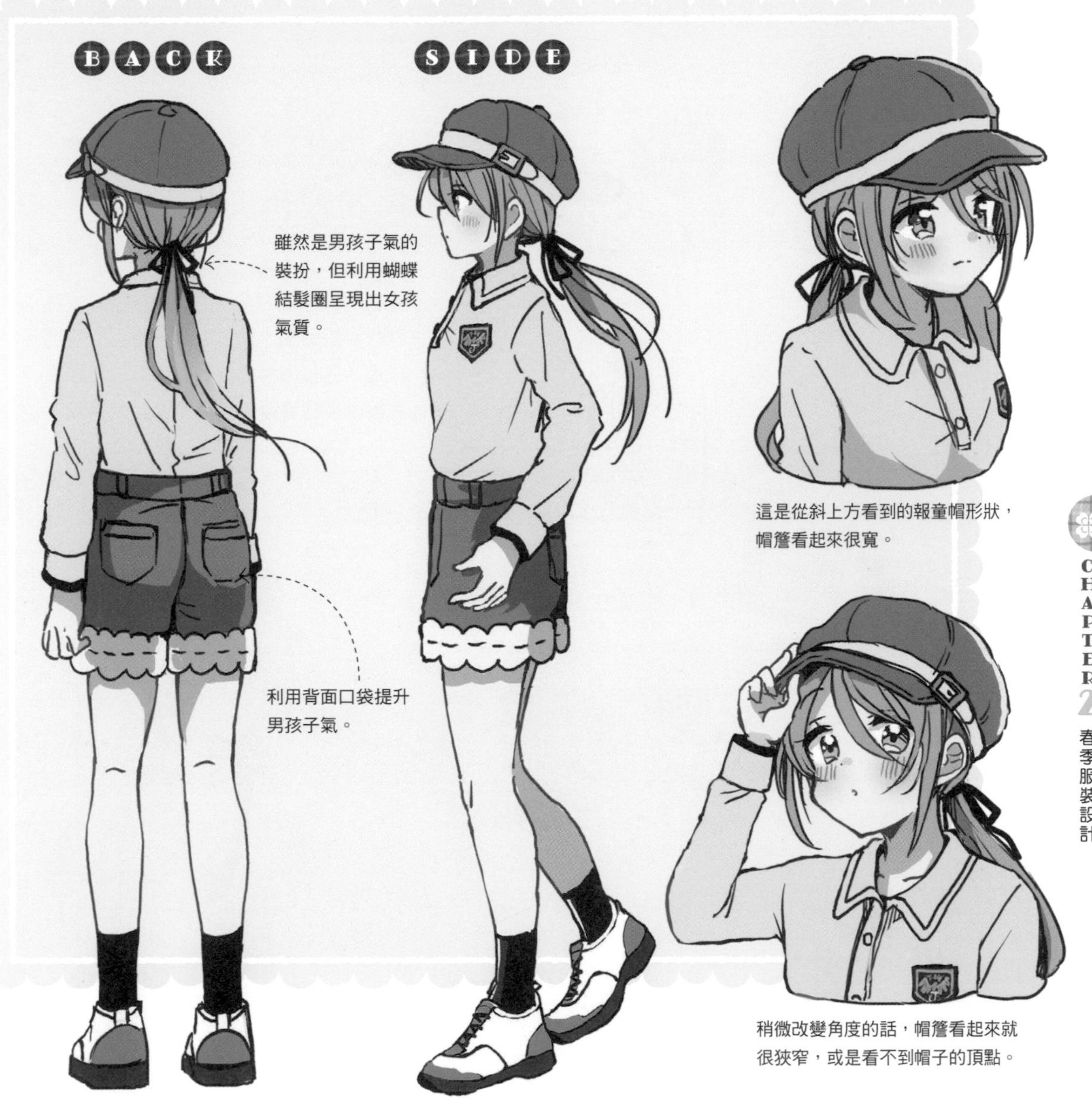

PICK UP *Variation* / 報童帽的變化

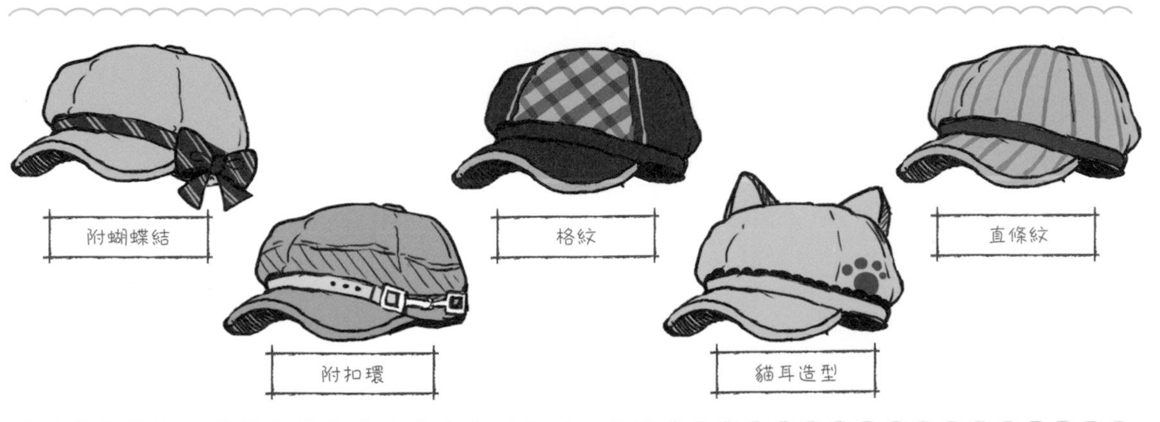

以格紋襯衫營造的素淨穿搭

這是為了襯托淺粉紅色格紋襯衫，以較深色的牛仔短褲進行搭配的穿搭。想要讓襯衫很顯眼，所以採用有特色的立領款式，並以細繩蝴蝶結來點綴。牛仔短褲設計成捲褲管，藉此展現時尚氛圍。

方便活動又可愛的運動衫＆褲裙

以褲子展現帥氣也是不錯的選擇，但使用褲裙，就能維持方便活動的特質，同時還能接近可愛氛圍。此外，主要服裝使用較淺的色調，將鞋子和帽子等配件設計成較深的顏色，使整體顏色更鮮明。

以貓耳報童帽營造的重點式穿搭

這是以下襬能綁成蝴蝶結的開襟外套和長褲，整合出整潔簡單的氛圍，同時搭配貓耳報童帽，極具個人特色的穿搭。展現可愛的關鍵重點就是若隱若現的腳踝。配色部分則是讓淺藍色很顯眼，做出涼爽感。

以牛仔外套營造的休閒穿搭

這個穿搭是將容易呈現出休閒感的牛仔外套搭配能展現帥氣的黑色短褲。運動鞋也使用牛仔布材質，整合出可愛感。短褲若是黑色就較低調，但以蕾絲或蝴蝶結作點綴，呈現出女孩氣質。

COLUMN

簡單的
滾邊畫法
02

將滾邊畫成曲線或圓形

試著描繪有變化的滾邊吧！基本技巧和 P22 介紹的一樣，但必須更加意識到立體感。能繪製出這個部分，就能在許多地方添加滾邊。

有變化的滾邊

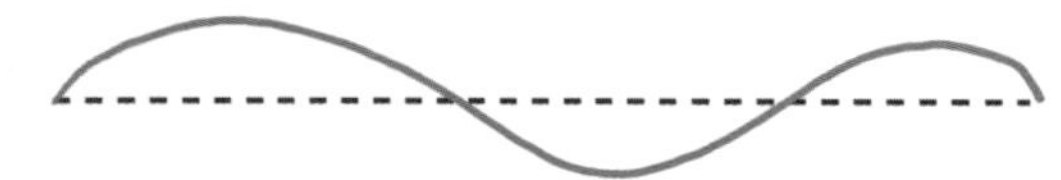

1 簡單畫出根部和下襬。

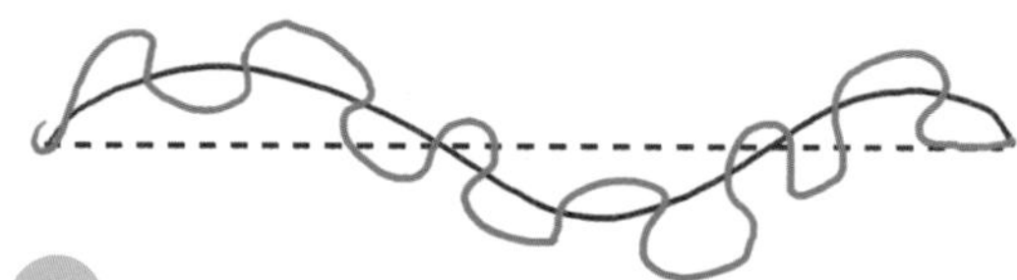

2 順著下襬畫出波浪線條。

3 注意立體感，以線條連接根部和下襬。

4 將屬於裡面的部分上色，就比較容易理解滾邊的結構。

將滾邊畫成圓形

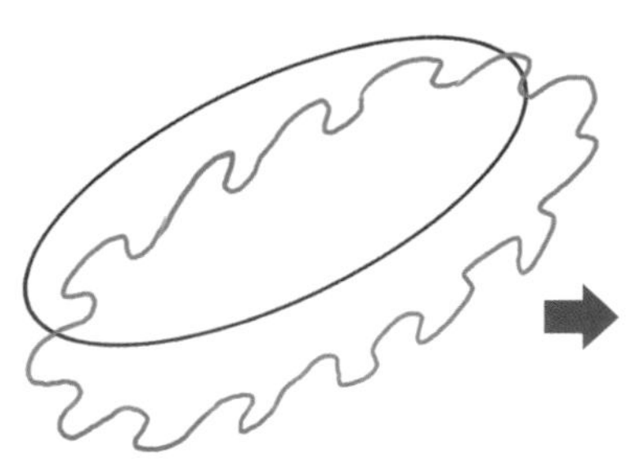

描繪出根部和下襬的波浪線條。

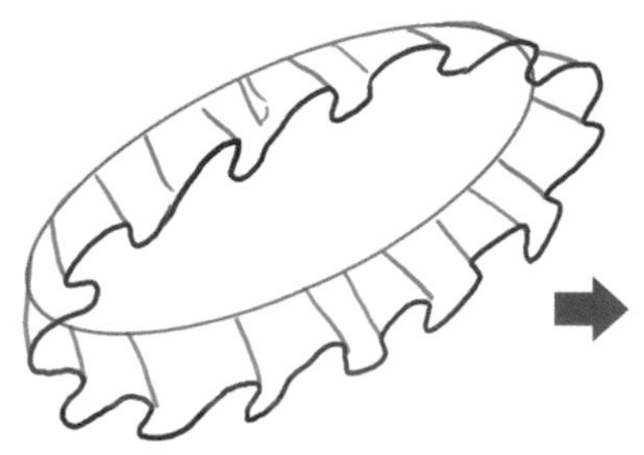

注意立體感，以線條連接根部和下襬。

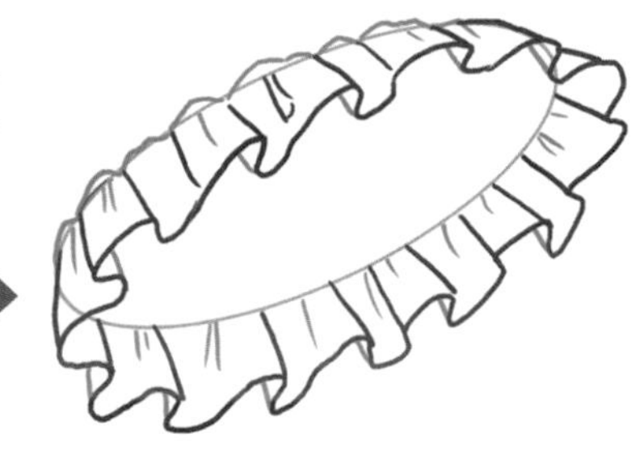

描繪皺褶。

描繪裙子

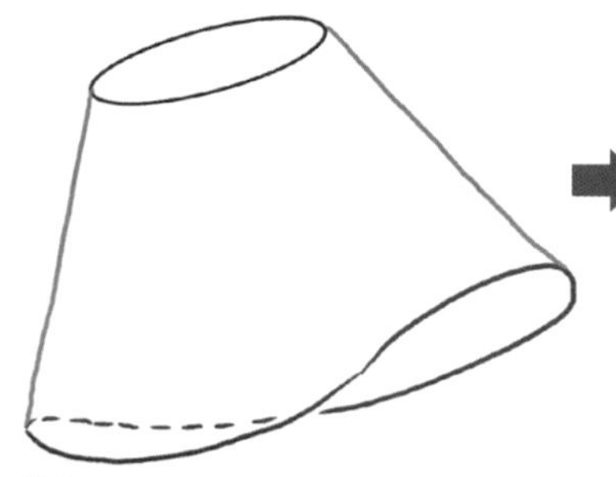

描繪裙子的大略線條。

順著下襬畫出波浪線條。

注意立體感，以線條連接根部和下襬。

夏季服裝設計

SUMMER Catalog

外出穿搭

以清爽黃色營造的有點成熟的穿搭

這個穿搭是以夏天感的裙子作為主要服裝，能從有透明感的雪紡裙看到碎花圖案。利用無袖針織衫的露肩設計表現涼爽感和成熟氛圍。想要展現出清爽感，所以試著讓角色不穿襪子。馬甲的深色能使整體更鮮明。

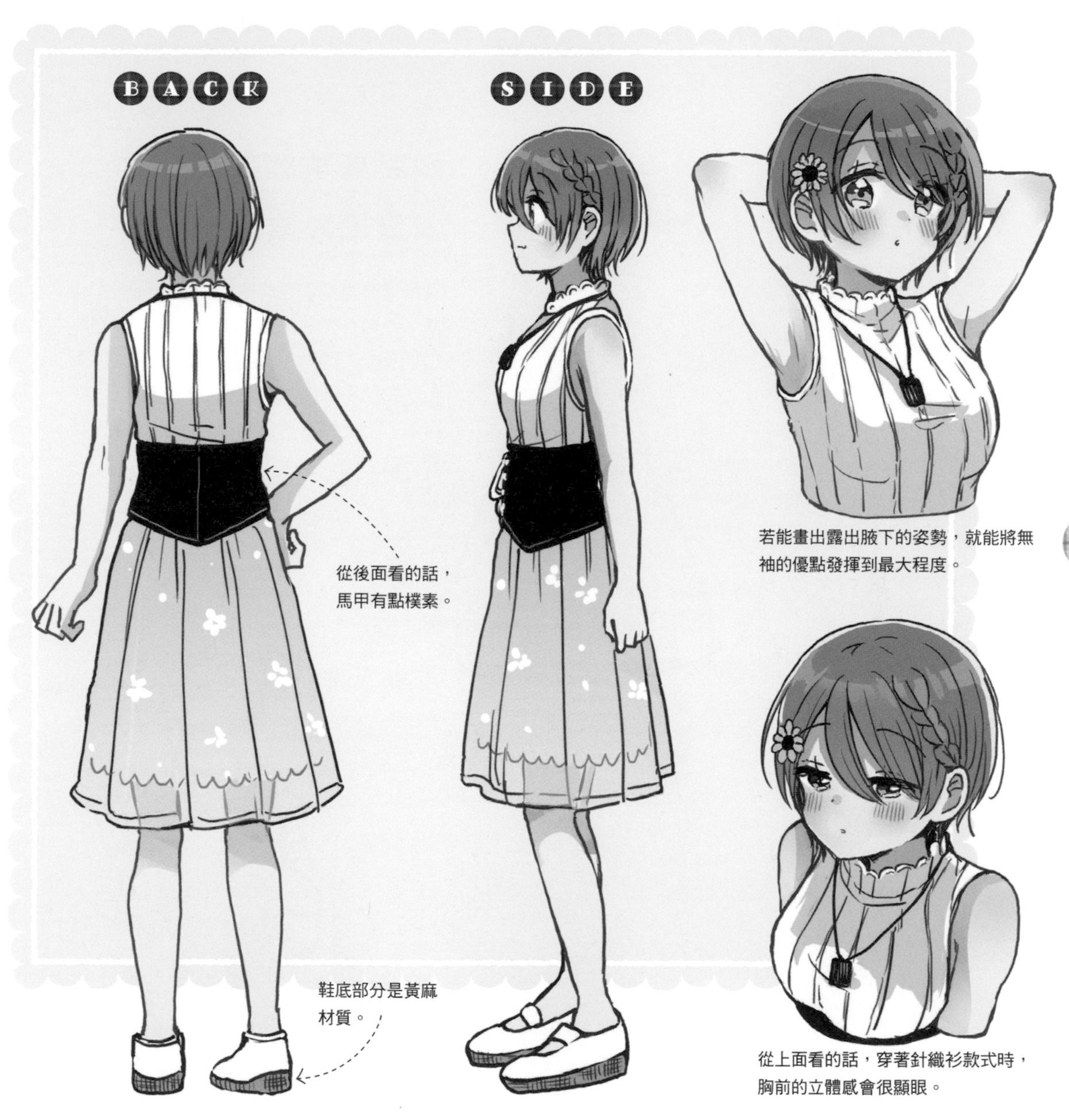

PICK UP Variation♡ / 馬甲腰封的變化

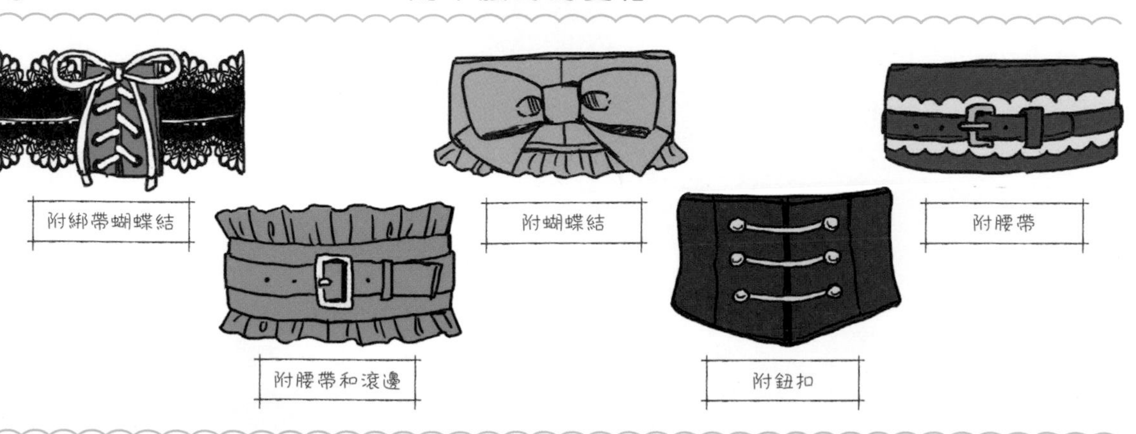

顯著夏季感且清爽的波浪連身裙穿搭

這是以清爽波浪連身裙作為主要服裝的穿搭，黃色布料的裙子帶有綠色格紋。利用白色蕾絲短版小外套添加自然感。以黃色、白色和茶色將整體整合出涼爽感，同時為了避免印象薄弱，以草莓的紅色作為強調點。

以深藍色碎花裙營造的高雅又可愛的穿搭

這是利用深藍色碎花裙和黃色上衣的搭配去增強對比的穿搭。深藍色是深色，所以上衣和裙子碎花的黃色非常顯眼。腳部和裙子配合，以白色、深藍色和黃色 3 色構成，整合出高雅感。

清爽且優雅的波浪袖穿搭

這是以夏天溫和的向陽為形象，利用白色和黃色的搭配來思考的穿搭。上衣使用波浪袖營造可愛感，同時以蝴蝶結領帶添加優雅氣息。再利用淺黃色長裙和包腳跟鞋展現成熟又可愛的氛圍。

PICK UP!

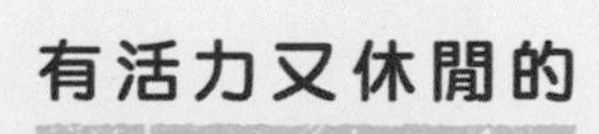

有活力又休閒的喇叭褲穿搭

這是休閒的奶油色短袖滾邊罩衫，搭配花朵刺繡喇叭褲，形成方便活動的穿搭。將碎花當作重點設計加在褲子上，自然地添加可愛氛圍。運動鞋也同樣加入碎花，統一設計。

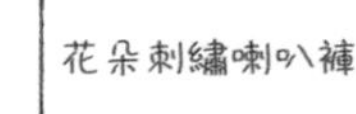
花朵刺繡喇叭褲

獨處日穿搭

使用大地色的成熟休閒穿搭

大地色是指以土或植物等自然物質為形象的顏色。這次是將米色開襟外套搭配卡其色牛仔褲。內搭服是在家裡跟外面都能穿得很舒服的棉質素材背心。以蕾絲在褲子下襬作點綴，也提升了可愛度。

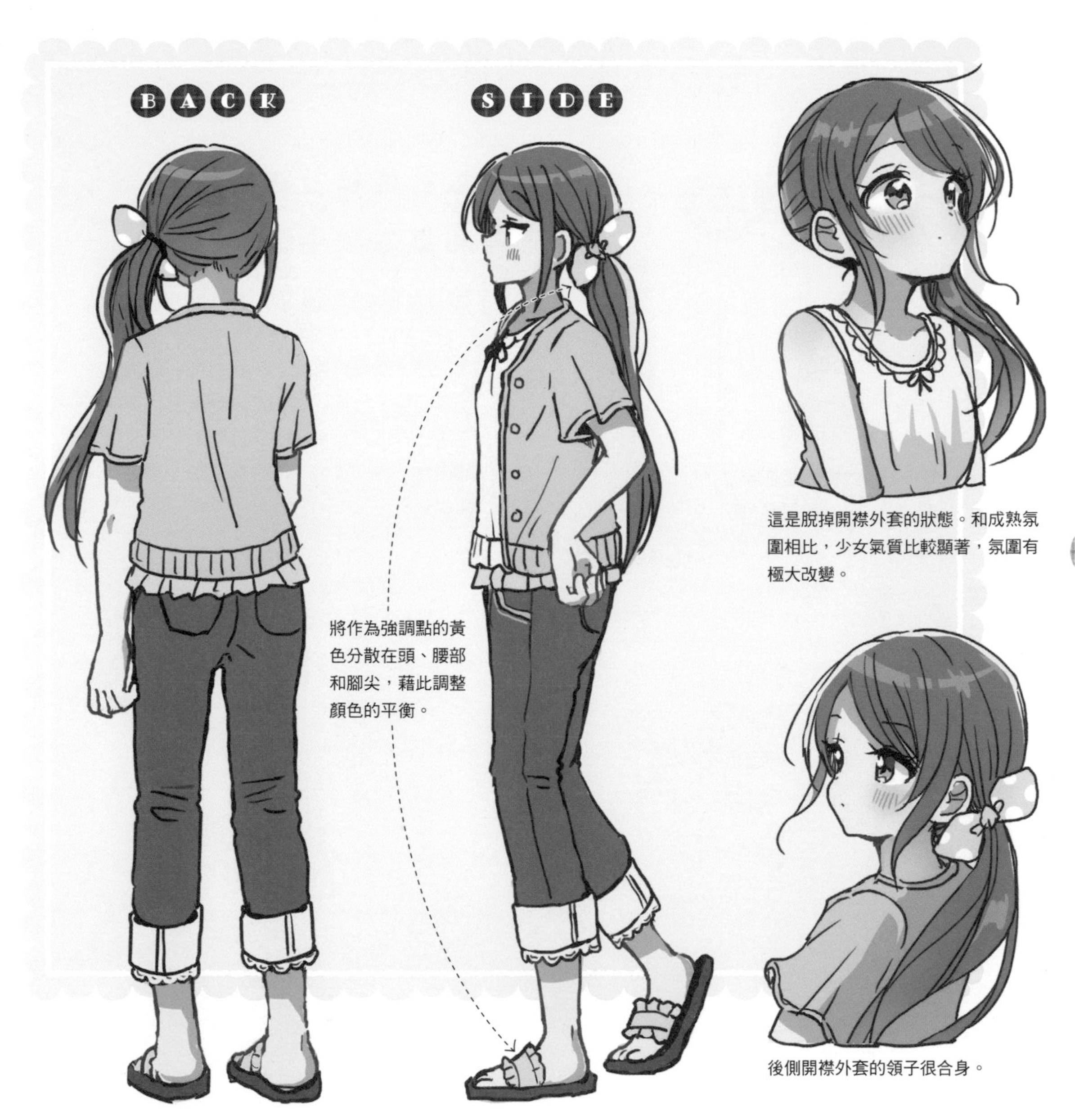

這是脫掉開襟外套的狀態。和成熟氛圍相比，少女氣質比較顯著，氛圍有極大改變。

後側開襟外套的領子很合身。

PICK UP Variation / 好穿涼鞋的變化

以針織棉上衣和基本款牛仔褲營造的簡單時尚穿搭

薄荷綠的蕾絲針織棉上衣很可愛，這是只搭配基本款牛仔褲，看起來就很時尚的穿搭。若牛仔褲選擇稍微淺一點的顏色，會展現出涼爽感。領口寬大，所以可以加上項鍊提升時尚感。

芥末黃×海軍藍營造的容易引人注目的穿搭

這是芥末黃蕾絲領T恤搭配上能映襯芥末黃的海軍藍牛仔褲裙的穿搭。這是容易引人注目的配色，所以極力推薦這種搭配。有點冷的時候，似乎也很適合和單色調開襟外套一起搭配。

摩卡色的寬鬆背心裙穿搭

這是白色襯衫上只穿了摩卡色背心裙的簡單穿搭。寬鬆的背心裙不會勒緊腹部，所以在家裡穿也很舒適。沒有花紋的話會變得很樸素，加上較粗的條紋，看起來就會很時尚。

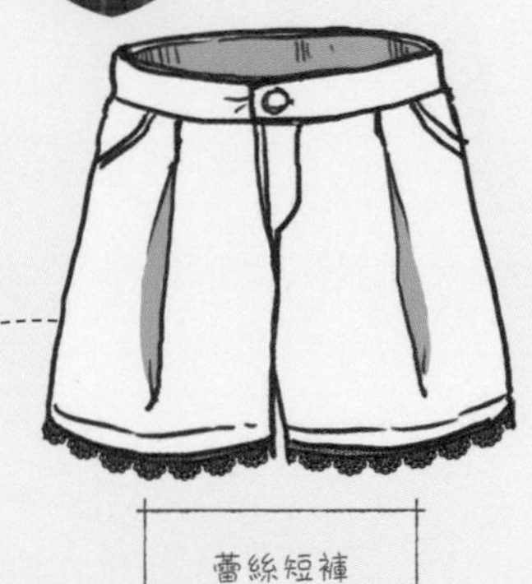

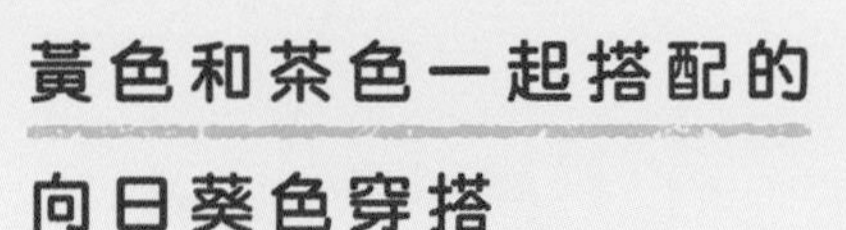

黃色和茶色一起搭配的向日葵色穿搭

這是利用淺黃色連帽上衣和深茶色短褲，並以代表夏天的向日葵作為形象的配色穿搭，利用連帽上衣的向日葵圖案表現主題。短褲設計成較大件的，確保穿起來的舒適性和運動性。鞋子部分為了方便活運，選擇了運動鞋。

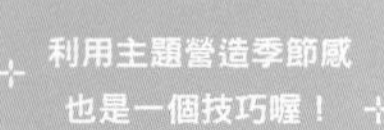

森林系女孩穿搭

以天然素材整合的自然穿搭

森林系女孩是偏向自然的寬鬆柔軟時尚。因此利用亞麻布材質背心裙、棉質罩衫、草帽這些以天然素材製造的衣服來整合穿搭。為了營造涼爽感，主要服裝的背心裙顏色選擇了薄荷綠。

PICK UP *Variation* / 吊帶的變化

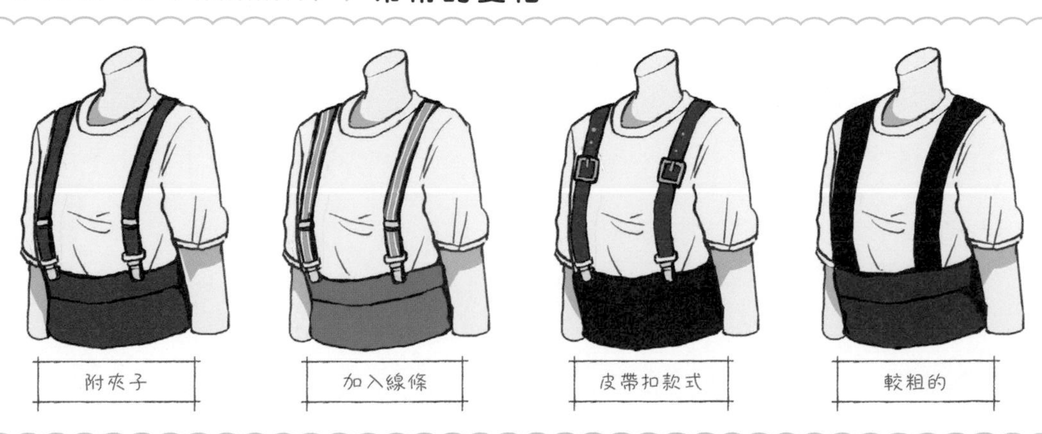

以2色格紋連身裙營造的飄飄然自然穿搭

這是以細肩帶連身裙作為主要服裝的穿搭，白色布料連身裙使用了意識到自然主題的黃色和綠色的2色格紋。內搭服是青竹色罩衫，給顏色增加變化。鞋子顏色也和罩衫一致，藉此呈現統一感。

以鮭魚粉連身裙營造的孩子氣可愛穿搭

這是以淺色鮭魚粉連身裙為主要服裝，搭配白色滾邊開襟外套，展現可愛氣息的穿搭。連身裙的領口加上蝴蝶結，下襬則加上蕾絲，即便只是這樣一件衣服，也能做出顯眼設計。鞋子也加上滾邊，呈現甜美氛圍。

以白色長連身裙營造的大小姐風格穿搭

這是利用帶有大量細褶的飄飄然白色蛋糕連身裙，做出素淨感氛圍的穿搭。碎花刺繡襯托出可愛氣息，帽子也配合氛圍選擇白色。整體來說顏色較淺，所以鞋子和衣服的線條使用了深茶色，使顏色更鮮明。

咖啡館風格色營造的沉穩連身裙穿搭

這是摩卡色水手領連身裙搭配有碎花刺繡的長版開襟外套，洋溢著自然感的穿搭風格。雖然是充滿滾邊且較甜美的設計氛圍，但選擇樸素的色調，讓整體變沉穩。強調點就是有大蝴蝶結的髮箍。

水族館約會穿搭

穩重成熟的
盛夏穿搭

以光看就有涼爽感的藍色為重點來整合。主要服裝是樸素長裙，但做出漸層設計，藉此呈現華麗印象。上衣選擇格紋，同時加以調整，避免出現樸素感。利用胸前蝴蝶結的重點設計，提升可愛度。

手臂往上高舉的話，荷葉袖的布就會被肩膀拉長。

荷葉袖的優點就是即使只是將手稍微往上舉，也能營造出動感。

PICK UP Variation / 荷葉袖的變化

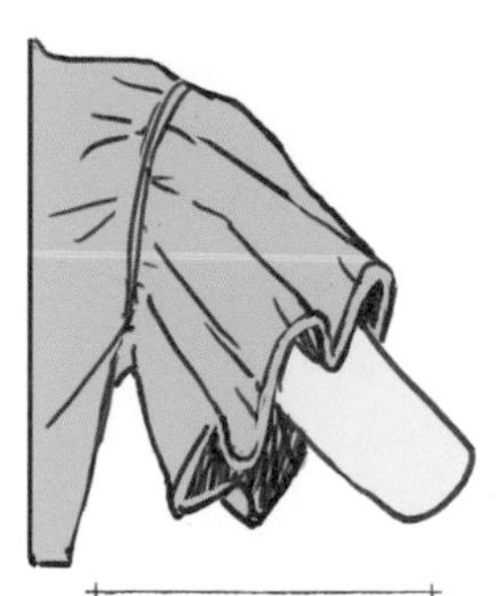

荷葉袖部分
從肩口開始

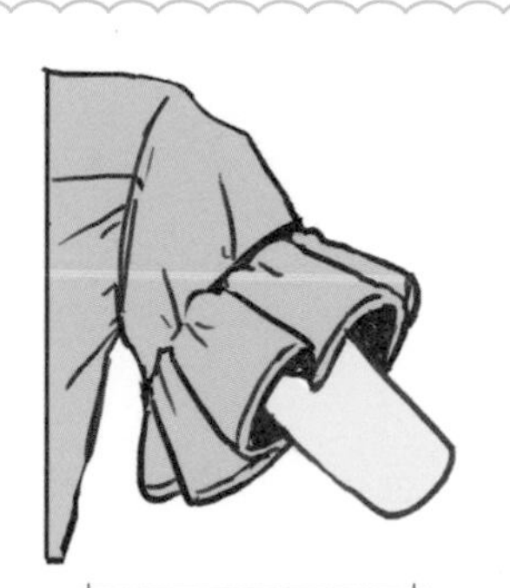

荷葉袖部分
從短袖衣襬開始

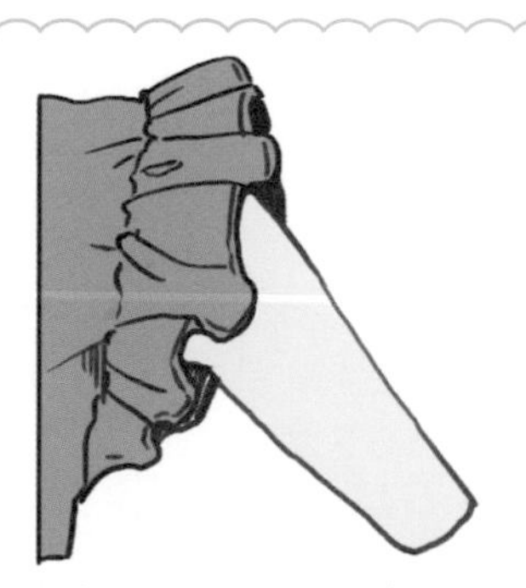

荷葉袖部分
從背心袖子開始

較大的荷葉邊

以深海為形象的藍色與白色的高雅穿搭

這是以深海為形象，將深藍色連身裙和白色蕾絲短版小外套一起搭配的成熟穿搭。頭髮也設計成單側低馬尾，藉此增添高雅氣質。短版小外套的蕾絲是粗網眼類型，盡量設計成能透視到連身裙的藍色，展現出清涼感。

碎花搭配黑色的華麗約會穿搭

這是可愛小碎花長裙搭配時尚黑色上衣的華麗穿搭。若上衣是黑色的，即使是碎花裙也能展現出成熟大人的氣質。鞋子也配合氛圍選擇高跟鞋。整體上是以素淨色調來做調整。

鮮明淺藍色的成熟女孩穿搭

這是以淺藍色統一上半身和下半身，兼顧穩重與可愛的穿搭。上衣利用開襟外套表現出端莊氣質，裙子則以雪紡素材讓其變透明，添加溫柔氛圍。並利用蓬鬆捲髮和髮箍統一氛圍，整合出女性氣質。

彈性褲營造的時尚穿搭

這是休閒風彈性褲搭配大滾邊上衣，營造的隨興又時尚的Y線條穿搭。因為是直條紋上衣，所以不會太過樸素，形成稍微華麗的印象。領口較寬，也添加了一點性感味道。

郊遊穿搭

適合初夏的 休閒穿搭

採用了棒球帽、背包和運動鞋等郊遊時不可或缺的物件，而且整合時還考慮到要兼顧方便活動性和可愛氣息。襯衫部分是設計成太熱就綁在腰上，如果覺得有點冷就穿在身上的風格。注意到防蟲對策，為了蓋住肌膚，選擇了短袖加長袖內搭服的設計。

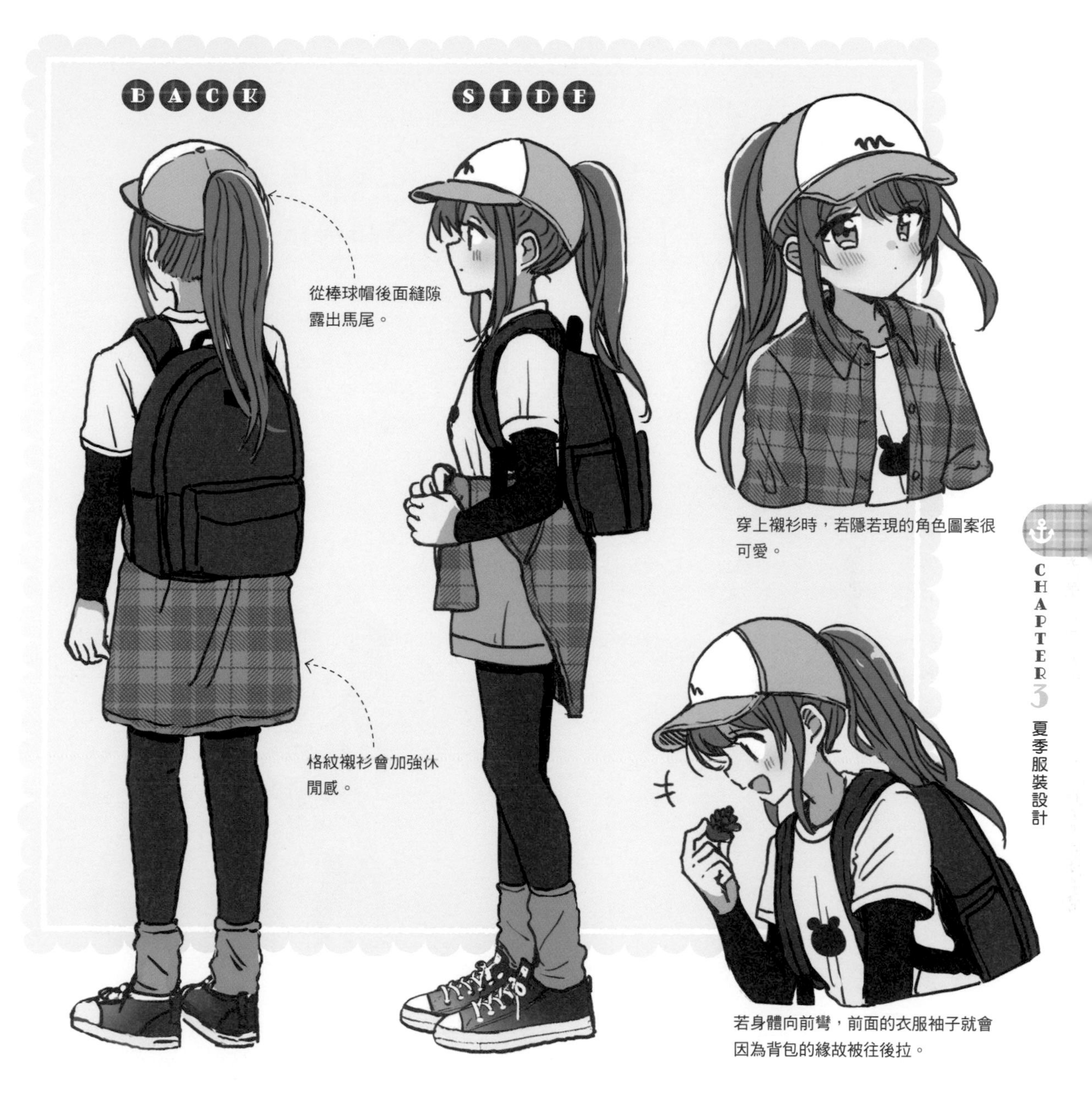

PICK UP Variation / 棒球帽的變化

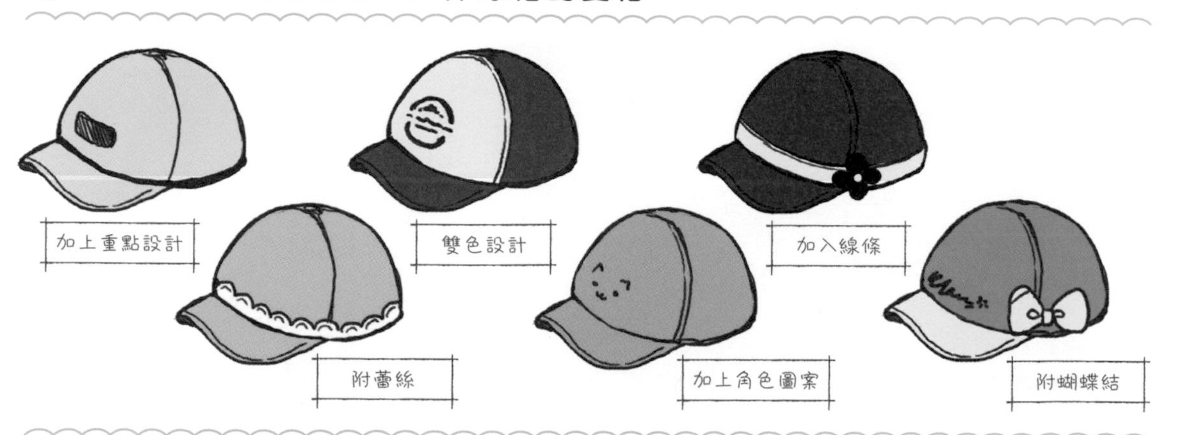

鮭魚粉格外顯眼的微甜美穿搭

這是利用鮭魚粉開襟外套和蕾絲短褲整合成較為甜美的穿搭。灰色內搭褲採用了下襬有蕾絲的款式。衣服以淺色調來統一，所以背包顏色選擇土耳其藍，添加變化。

利用維他命色營造充滿活力的穿搭

這是以亮黃的維他命色連帽上衣為主要服裝，搭配紅色迷你裙，給人活潑印象的穿搭。裙子添加了民族風刺繡，藉此增添時尚度。手臂的燙布貼也是重點設計。衣服顏色很強烈，所以鞋子也選擇五彩繽紛的顏色，使整體有一致感。

使用自然色的自然穿搭

這是色調較淺的格紋法藍絨襯衫搭配有線條的樸素迷你裙的穿搭。內搭服使用了接近黑色的深綠色，呈現出自然感，同時襯托出襯衫和迷你裙的色調。帽子設計成寬邊帽，展現些許高雅氣質。

樸素休閒的緊身褲穿搭

這是以基本色整合的成熟穿搭。開襟外套是有女人味的設計，但利用背包扣帶降低女人味，調整成適合郊遊的狀態。褲子採用了伸縮性高的緊身褲。在強調點使用些許紅色和黃色，使整體顏色鮮明。

COLUMN

衣服加上滾邊

也試著在衣服加入滾邊吧！只是添加的位置或大小有所不同，
和之前所做的步驟都一樣。
不要想得太困難，反覆練習記住畫法吧！

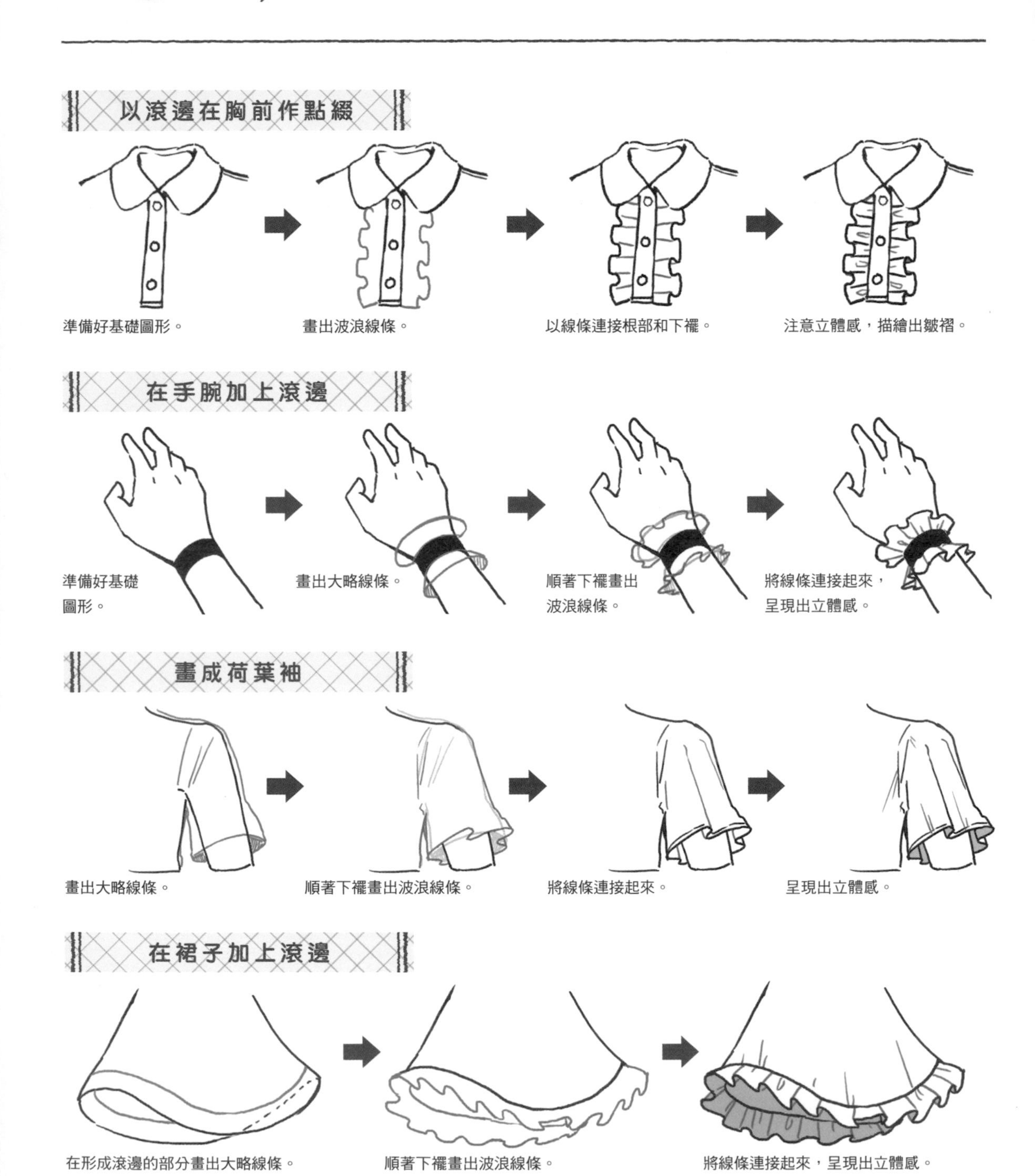

以滾邊在胸前作點綴

準備好基礎圖形。

畫出波浪線條。

以線條連接根部和下襬。

注意立體感，描繪出皺褶。

在手腕加上滾邊

準備好基礎
圖形。

畫出大略線條。

順著下襬畫出
波浪線條。

將線條連接起來，
呈現出立體感。

畫成荷葉袖

畫出大略線條。

順著下襬畫出波浪線條。

將線條連接起來。

呈現出立體感。

在裙子加上滾邊

在形成滾邊的部分畫出大略線條。

順著下襬畫出波浪線條。

將線條連接起來，呈現出立體感。

秋季服裝設計

AUTUMN Catalog

外出穿搭

以秋色感橙色營造的背心裙穿搭

這是橙色格紋背心裙所呈現的可愛且充滿秋色感的穿搭。貓咪造型單肩包營造出可愛的孩子氣。棕色報童帽添加了秋天氣息。並利用羅紋褲襪保暖腳部。

裙子後面也有切口，
避免設計太單調。

頭髮綁了大腸髮圈，所以即使拿下帽子，看起來也不會冷清。

鬆散的單側馬尾，左右看起來的樣子不同，所以能形成不會令人覺得枯燥乏味的設計。

PICK UP Variation / 秋色格紋的變化

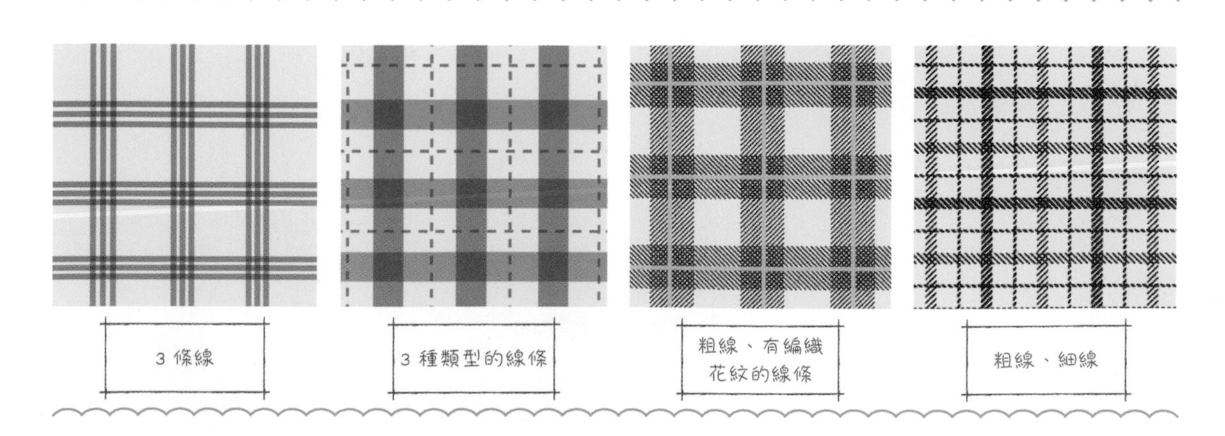

深綠色營造的素淨自然秋色穿搭

季節是秋天，因此這個穿搭是以顏色較深的綠色連身裙為重點，搭配上針織衫。針織衫會給人柔和印象，所以很容易和素淨的服裝搭配。此外，想要突顯連身裙的綠色，便將黑色褲襪和茶色鞋子搭配在一起。

使用暗紅色的秋日微成熟穿搭

背心裙選擇較明亮的暗紅色，底下穿的針織衫則使用較深的暗紅色，這是利用亮度靈活運用同色系的穿搭。暗紅色是可愛的色調，同時又能展現出沉穩的氛圍，是想要呈現成熟氣質時的好用顏色。

時髦色調的迷你裙穿搭

這是利用灰底背心裙整合出來的時髦穿搭風格。裙子若沒有花紋，就會形成帥氣印象，所以在此選擇格紋。上衣加上毛線球蝴蝶結，增添可愛度。短靴也配合裙子選擇黑色，使色調更鮮明。

淡紅色營造的高雅姐姐系穿搭

紅色是華麗的色調，但是將顏色變淺後，就能呈現出姐姐感氛圍，這是為了突顯淡紅色，和搭配度佳的黑色一起搭配的穿搭。以V領展現成熟感，再利用長裙添加高雅度。重點設計是裙襬附近自然不做作的蕾絲。

獨處日穿搭

以深紅色七分寬版褲裙營造的秋天寬鬆穿搭

這是褲口較寬的七分寬版褲裙搭配樸素運動服的寬鬆穿搭風格。利用紅色和茶色的搭配，呈現出帶有秋日感的色調，運動服若只是白色無花紋的款式，會過於樸素，所以加上櫻桃蝴蝶結和領口蕾絲的設計，添加可愛度。

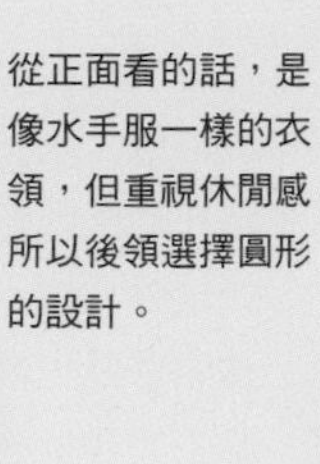

從正面看的話，是像水手服一樣的衣領，但重視休閒感所以後領選擇圓形的設計。

秋冬使用的外套是較厚的材質，所以即使將手擺到後面，也不容易形成皺摺。

將紅色的重點設計放在臉部周圍，避免產生樸素印象。

PICK UP Variation / 包腳跟鞋的變化

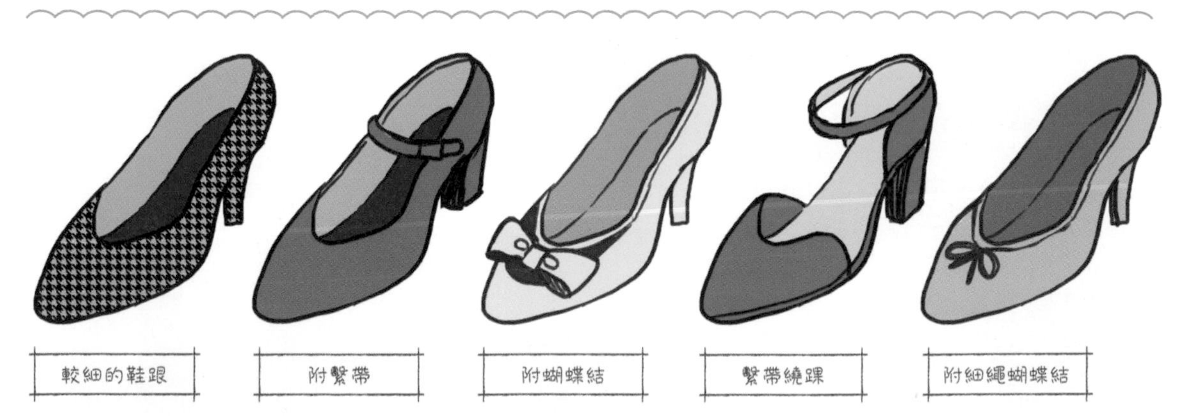

COORDINATION 02 / Variation

風衣與及膝裙的穿搭

這是利用鮮豔紅色針織衫和黑色及膝裙展現性感，同時穿上風衣特意遮掩性感的穿搭。利用遮掩起來的部分，能展現出高雅成熟女性的一面。脫掉風衣後，就變成鮮豔的顏色，所以能產生反差，這也是極具魅力的關鍵要素。

以紅色外套營造簡單鮮豔穿搭

這是襯托鮮豔紅色外套的穿搭風格。內搭服是樸素的白色，裙子也選擇淺色色調的格紋來搭配，具有襯托主角的作用。外套部分則是改變衣領和捲起來袖子的顏色作為強調點。

蕾絲裙營造的甜美古典穿搭

這是鮮紅色附蕾絲長裙搭配較深色的茶色罩衫，形成古典風格色調的穿搭。領口的大蝴蝶結呈現出更加古典的氛圍。衣領選擇白色，讓臉部周圍更明亮。強調點是鈕扣顏色穿插變換。

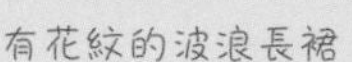

A線條輪廓的自然穿搭

摩卡色波浪裙展開的幅度大，營造出A線條，是看起來很可愛的穿搭。為了能和大裙子相稱，上衣在茶色針織衫加上毛線球鈕扣，做成毛茸茸的可愛設計，並利用裙襬的葉子圖案添加高雅度。

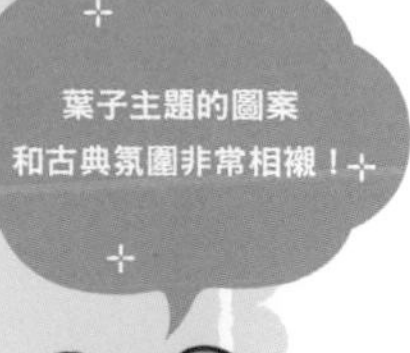

動物主題穿搭

毛茸茸小熊的摩卡色穿搭

主題是小熊，所以這是利用茶色系色調來統一整體的穿搭。穿上象牙色開襟外套，設計成剛好能看到內搭服的小熊圖案。為了利用視覺上的要素更加呈現小熊感，所以讓角色穿上小熊主題的雪靴。

沒有鈕扣的開襟外套會因為動作飄然掀起，所以會形成有女人味的印象。

脖子的花邊蕾絲會順著形狀稍微朝上立起來。

PICK UP Variation / 開襟外套的變化

亮黃色很顯眼的 獵豹主題穿搭

這個穿搭是以黃色獵豹花紋迷你裙為主要服裝，再搭配素淨色調的罩衫。將吊帶加入設計中，形成隨興印象。重點設計是過膝長襪的黃色線條。其實在獵豹花紋中，還以出於好玩的心態加入了花朵圖案。

哥德羅莉塔風格的 貓熊主題穿搭

說到貓熊，就是白色和黑色，因此以哥德風為形象，設計成加上滾邊和蕾絲的哥德羅莉塔風格的穿搭。雖然大量使用滾邊和蕾絲，但色調時髦，所以也降低了甜美氣息。整體來說是將白色與黑色穿插配色，雖然是單色調，但也在設計上呈現出不同風格。

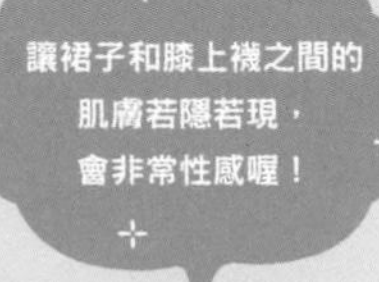

時尚的
大麥町主題穿搭

這是大麥町花紋襯衫搭配黑色彈性褲，並以單色調配色和苗條輪廓展現時尚感的穿搭。頭髮也稍微梳上去，露出耳環，藉此營造帥氣感。胸前加上較大的蝴蝶結，添加女孩氣質。

PICK UP!

老虎紋長裙

帥氣可愛的
老虎主題穿搭

這是老虎紋長裙搭配樸素連帽上衣的休閒又顯眼的穿搭。老虎紋的主張強烈，所以為了不要產生衝突，其他部位都沒有加入花紋或強烈顏色。老虎紋的顏色並非一般的黃色和黑色，而是浮現出軍裝感的設計，選擇了米色和卡其色。

去咖啡館的穿搭

在咖啡館悠閒度過的成熟秋色穿搭

這是附腰帶深綠色圍裹裙搭配有點米色的直條紋針織衫，呈現出女孩氣質的穿搭。帽子和鞋子選擇深茶色，將主要服裝夾在中間，藉此調整顏色平衡。顏色整體來說是素淨的，所以配上紅色包包作為強調點。

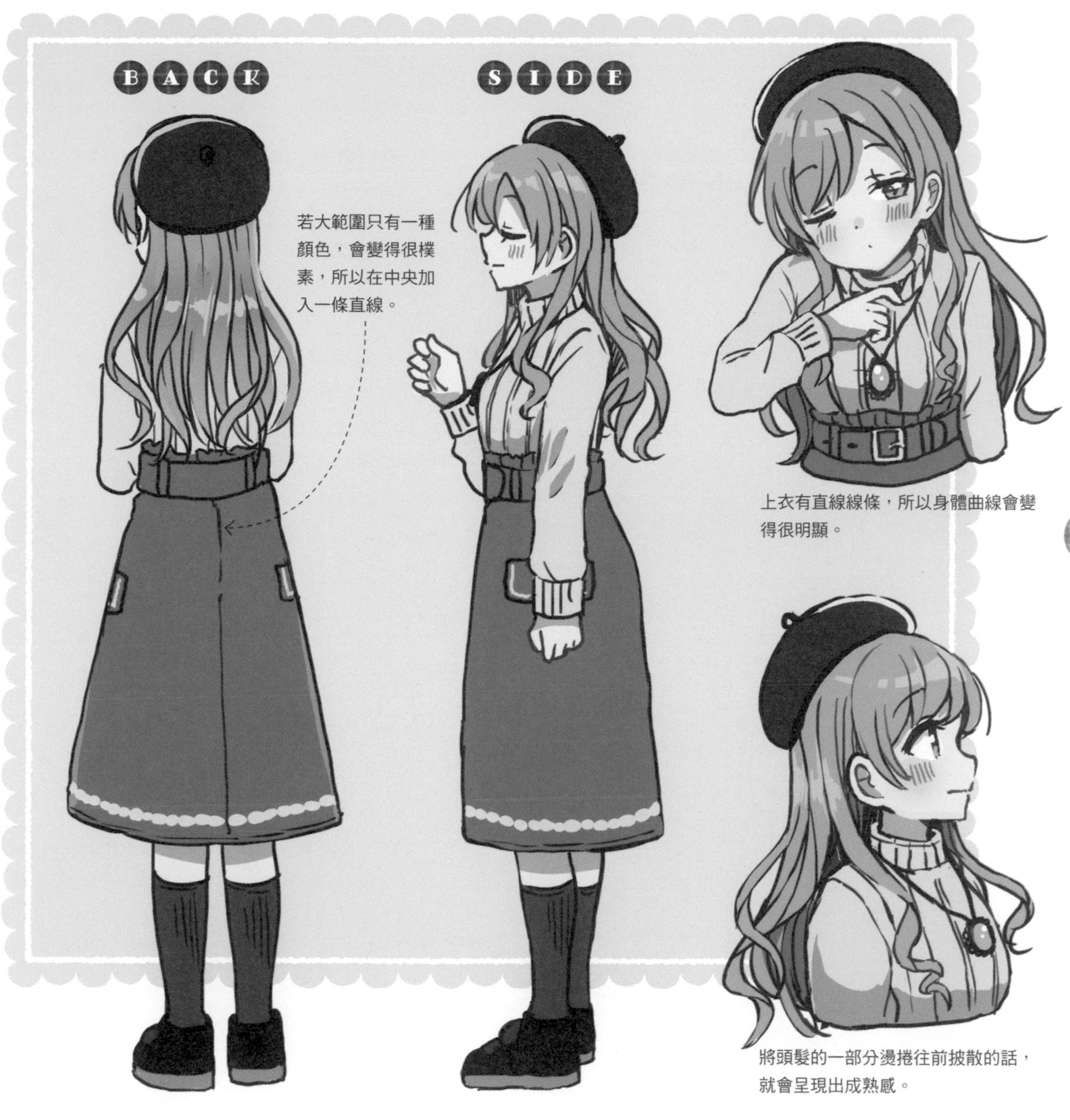

PICK UP Variation♡ / 針織衫的花紋變化

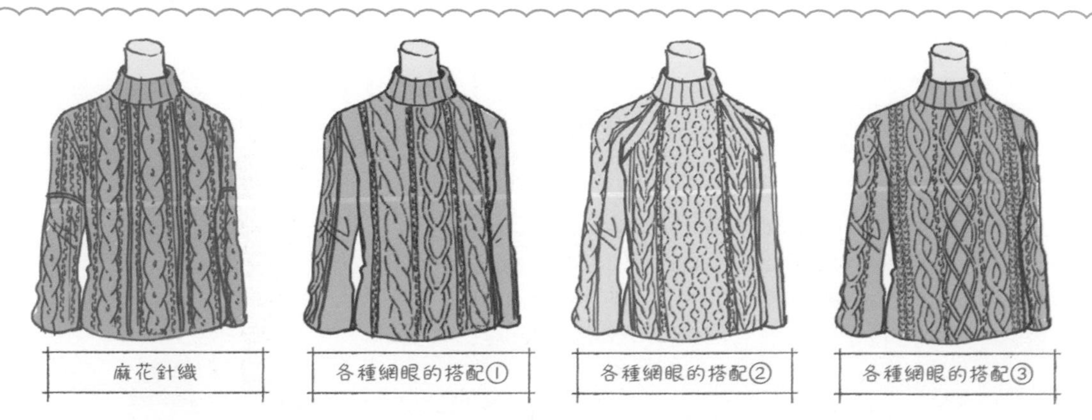

以側邊滾邊裙增添些許女孩氣質的穿搭

這是以側邊滾邊為特色的圍裹式長裙，搭配粉紅色針織衫的女孩穿搭。裙子若沒有花紋，會覺得冷清，所以採用簡單的格紋。針織衫部分為了避免圖案有所衝突，只在中央區域加入編織圖案。重點設計是毛毛耳環。

蛋糕裙營造的軟綿綿細褶穿搭

這是利用充滿細褶的三層蛋糕裙營造出輕飄飄輪廓的穿搭。高領罩衫搭配長袖短版小外套，呈現出溫柔印象。髮型則是將頭髮束在單側，形成有點成熟的時尚風格。重點設計是胸前的兔子圖案。

酒紅色營造的
高雅成熟秋色穿搭

這是酒紅色長裙搭配深摩卡色上衣，展現成熟感的風格。紅色很亮的話，會形成有點孩子氣的華麗感，但若選擇酒紅色，就能形成成熟高雅氣質風格。將托特包顏色變淺，增加顏色的變化。

獨特且引人注目的
烤地瓜色穿搭

這是紫色針織衫和黃色裙一起搭配，營造出讓人聯想到烤地瓜配色的穿搭。將紫色的顏色變淺一點，並加以調整，避免形成太過奇特的狀況。裙子以雙排扣展現休閒感同時加入開叉，營造有點性感的感覺。

萬聖節穿搭

帶有 Cosplay 氣氛的魔法少女穿搭

這是想到魔法女孩，以全黑連身裙為主要服裝的穿搭。為了在整體營造陰暗感，利用單色調整合，同時在鈕扣使用萬聖節配色，作為強調點。並以三股辮和髮箍展現孩子氣的可愛感。

CHAPTER 4 秋季服裝設計

PICK UP Variation / 髮箍蝴蝶結的變化

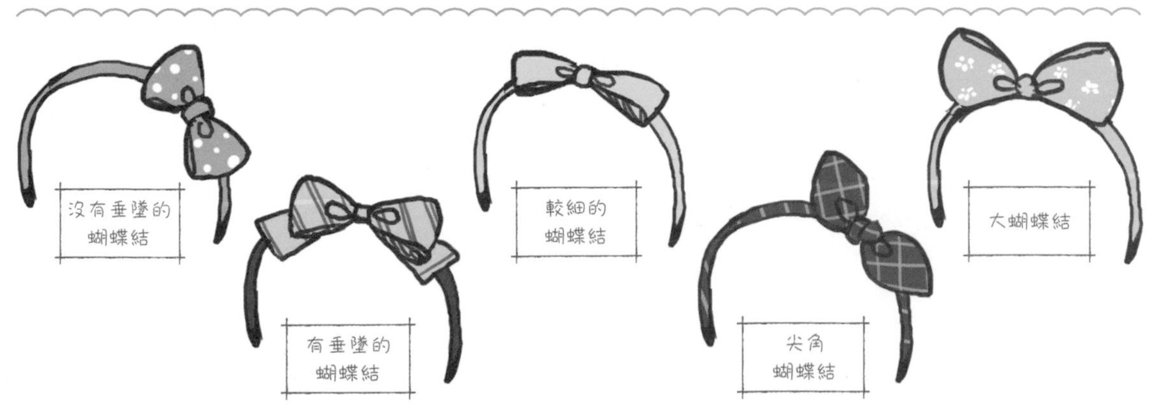

以紅色披肩營造的小紅帽風格穿搭

這是雖然沒有頭巾，但以紅色披肩作為主要服裝，並將荷葉邊裙子搭配馬甲腰封，以小紅帽為形象的穿搭。披肩的扣子採用繩子款式，形成自然的氛圍。披肩內裡使用亮黃色，作為強調點。

五彩繽紛且引人注目的雪紡裙穿搭

這是萬聖節形象營造的五彩繽紛雪紡裙穿搭。若其他部位使用明亮顏色，就會變成亂七八糟的設計，所以除了裙子以外，都以黑色來整合。裙子裡的黃色和紅色，也使用於髮色和帽子中，藉此呈現整體的一致感。

一件衣服就能充滿萬聖節氛圍的夜空連身裙穿搭

這是以城鎮的夜空為形象設計的連帽連身裙，藉此呈現出萬聖節氛圍的穿搭。將橙色抽繩作為強調色，襪子選擇橫條紋，呈現出開心氛圍。頭髮也綁成較高的單側馬尾，展現出淘氣鬼的感覺。

南瓜形象的個性派穿搭

這個穿搭是要襯托以南瓜為形象來設計的裙子。背心和鞋子使用黑色，展現萬聖節風格，使設計更鮮明。裙子加入粗略的南瓜圖案刺繡，並以南瓜造型的髮夾作為點綴，藉此留下深刻的主題印象。

COLUMN

簡單的
改造創意

罩衫的改造

在女孩風格的穿搭中，罩衫是搭配度極佳的單品。
稍加改變，試著營造出許多變化吧！
將這幾個改造搭配在一起也能營造出可愛感。

CHAPTER 5

冬季服裝設計

WINTER *Catalog*

外出穿搭

以冷色系整合的成熟可愛穿搭

這是冬天和朋友外出時的穿搭。以白色大衣為主要服裝，將藍色和淺藍色作為重點加入，並利用黑色絲襪使整體更鮮明。衣領和裙子的格紋是可愛風格的關鍵要素。腰部利用蝴蝶結綁緊來提升時尚感。

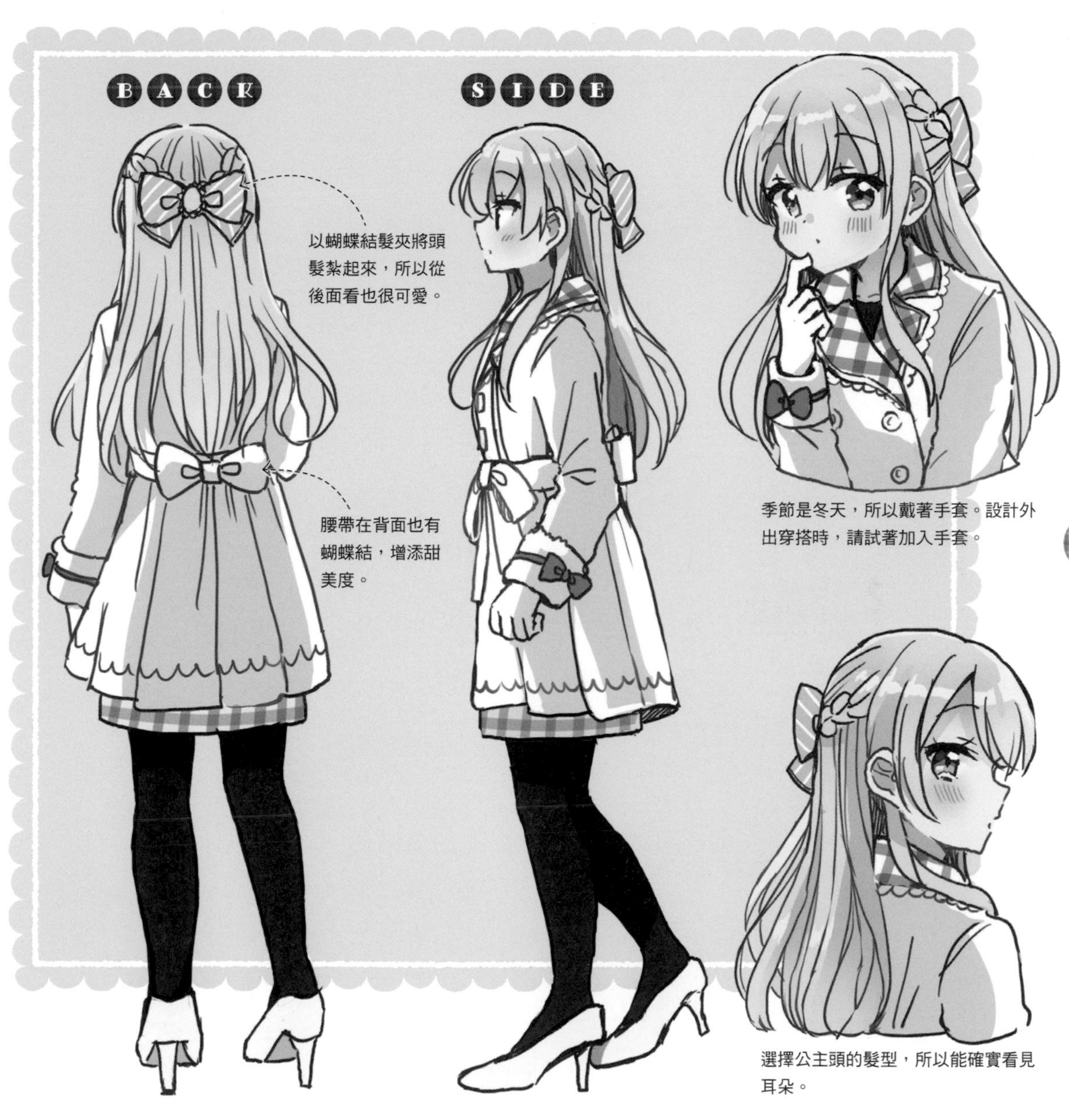

季節是冬天，所以戴著手套。設計外出穿搭時，請試著加入手套。

選擇公主頭的髮型，所以能確實看見耳朵。

PICK UP Variation / 手套的變化

以百褶裙營造的穩重成熟穿搭

這是華麗的淺藍色百摺長裙，搭配黑色針織衫和淺藍色短版小外套，形成素淨氛圍的穿搭。白色高跟鞋提升了成熟女孩感。整體而言較為樸素，所以將包包的手提部分設計成珍珠，自然地形成時尚風格。

重疊的荷葉邊營造的華麗冬日大小姐風格穿搭

這是蓬鬆有重量感而且充滿荷葉邊的純白蛋糕裙呈現出來的優雅穿搭。搭配上淺藍色開襟外套，可以營造出隨興卻高雅的印象。袖口加上毛皮，也確保了溫暖程度。

像禮服般的連身裙穿搭

這是裙子部分前面敞開，大量滾邊看起來像襯裙般的禮服式設計連身裙。利用裙襬展開的典型 A 線條，展現出女人味。下半身充滿分量感，所以上半身整合成較樸素的感覺。

大小姐風格
連身裙

布料厚實的長連身裙營造的素淨穿搭

這是附披肩長連身裙打造的穿搭。披肩可以拆除，在室外有毛茸茸的衣領很溫暖，在室內就變成一般的連身裙。採用千鳥格圖案，和格紋比較起來，會給人較高雅的印象。全黑的包腳跟鞋展現出成熟感。

附披肩長連身裙

獨處日穿搭

可愛休閒的
冬季圖案連帽上衣穿搭

這是以下雪日為形象，並以附毛線球的連帽上衣作為重點的穿搭。以黑色和灰色整合其他顏色，去襯托連帽上衣。利用短褲呈現方便活動性和身材的優點。褲襪看起來是較粗的材質，所以加上圖案。

因為其他部位穿比較厚，所以將頭髮紮起來，看起來整潔清爽的頸部會很顯眼。

衣服的材質較厚，所以連帽上衣的兜帽不會垮掉，而是挺立的。

PICK UP Variation♡ / 雪靴的變化

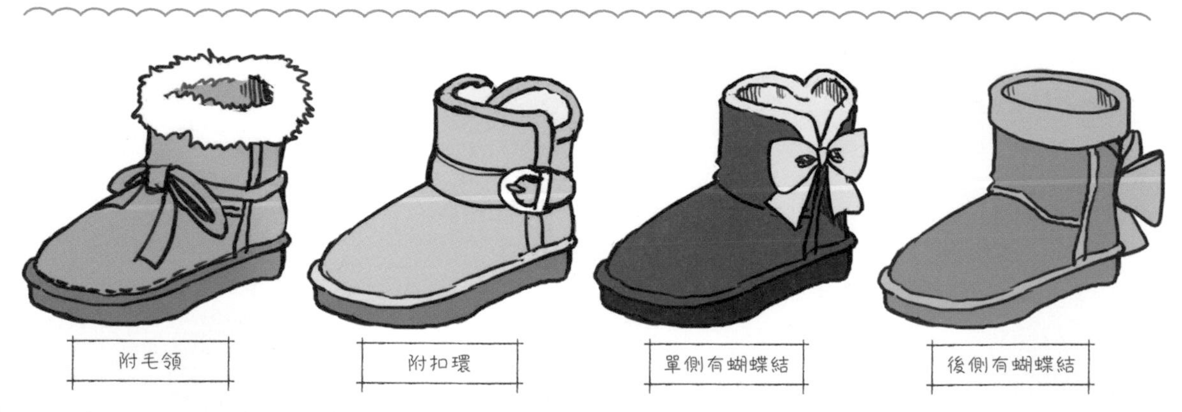

短大衣和褲子營造的樸素穿搭

這是簡單的淺藍色短大衣搭配格紋褲子的寬鬆樸素穿搭。褲子加上圖案，就展現出簡單卻華麗的感覺。靴子加上小蝴蝶結，便自然地加入可愛感。

樸素可愛的開襟外套穿搭

這是在簡單罩衫和長裙上，隨意穿上針織開襟外套，看起來樸素可愛的穿搭。裙襬加入雪花結晶和點描等北歐風格圖案，營造出冬季感。開襟外套的袖子設計成鼓起來的形狀，呈現不同的變化。

印有軟綿綿綿羊的角色連帽上衣穿搭

這是加入綿羊圖案且材質較厚的毛衣，搭配直條紋迷你裙的穿搭。加入大大的角色圖案後，樸素的毛衣也會變得很可愛。是在自己家裡耍廢、到附近買東西都很方便且重視舒適性的穿搭。

有綿羊圖案的毛衣

附蝴蝶結的樸素連帽上衣

以簡單連帽上衣營造的素淨穿搭

這是簡單的灰色附蝴蝶結連帽上衣，搭配同色系且格紋較粗的裙子，展現溫柔氛圍的穿搭。鞋子也設計成淺棕色，整體來說很重視一致感。雖然連帽上衣的蝴蝶結小小的，卻襯托出可愛感。

寒冷天氣的禦寒穿搭

寒冷早晨的毛茸茸綿羊造型穿搭

這是以綿羊為形象，並以白色為重點來整合的毛茸茸溫暖穿搭。因配戴圍巾或耳罩，在視覺上頭部體積膨脹，所以設計成丸子頭，避免造成干擾。整體而言是將顏色變淺一點來整合，形成適合下雪日的配色。手套和褲襪使用黑色，藉此讓顏色更鮮明。

大衣背面以裝飾皮帶點綴，營造時尚感。

沒有加上圍巾的話，就變成清爽成熟的感覺。

將薄圍巾鬆鬆地繞一圈，頸部就會若隱若現。

PICK UP *Variation* / 圍巾的變化

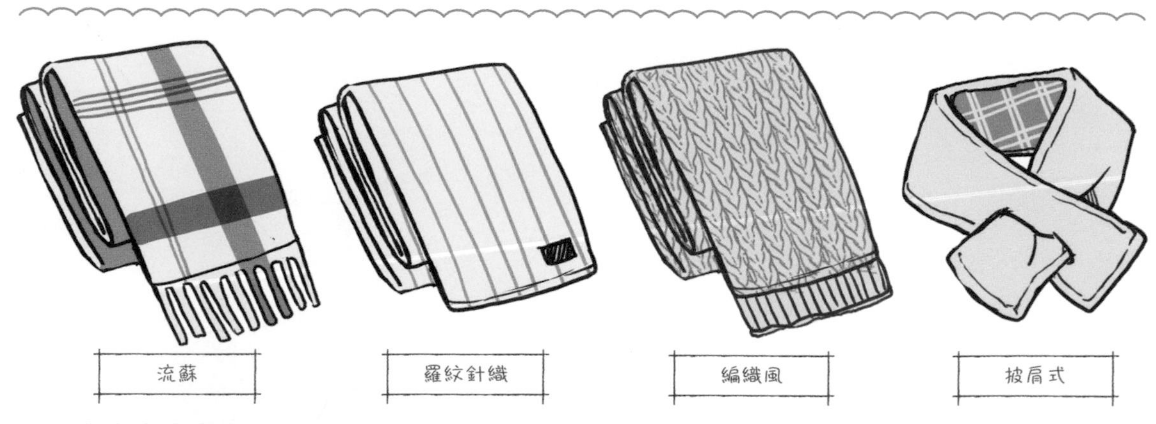

設計款大衣營造的浪漫穿搭

這是只利用一件有可愛毛領的粉紅色設計款大衣，就讓整體顯得很好看的穿搭風格。利用雙排扣款式營造時尚風格，同時利用胸前的大蝴蝶結和袖子蕾絲，增添更多的女孩感。為了更提升可愛度，還搭配了雪靴。

連帽大衣的自然穿搭

這是連帽短大衣和長裙的組合。顏色以茶色系整合，形成沉穩氛圍。裙子是褶子較寬的款式，營造成熟隨興風格。因為以同色系統一顏色，所以加入肉墊記號作為重點設計。

白色長大衣營造的大小姐風女孩穿搭

這是以全身白來整合的素淨穿搭。作為主要服裝的長大衣，從腰部像裙子一樣展開的形狀，展現出女孩感。下襬加上滾邊提升可愛度。頸部使用毛皮披肩，可愛又能禦寒。帽子採用看起來很高雅的貝雷帽。

披肩式大衣營造的女人味穿搭

這是穿上有女人味，且帶有圓潤輪廓的披肩式大衣的穿搭。披肩式大衣不挑身體曲線，所以能形成飄飄然的印象。上半身呈現出分量感，因此下半身採用迷你裙，讓腿部顯瘦。顏色以淺藍色為主，營造清爽印象。

聖誕節穿搭

紅色×格紋的聖誕風穿搭

這是利用連身裙展現聖誕節氛圍的穿搭，鮮豔紅底布料使深藍色格紋格外顯眼。讓角色穿上毛皮白色披肩，也剛好對應聖誕老人的主題。紅色有點華麗，所以腳部以單色調整合，降低華麗感。包包也設計成簡單形式。

PICK UP *Variation* ／北歐風格圖案的變化

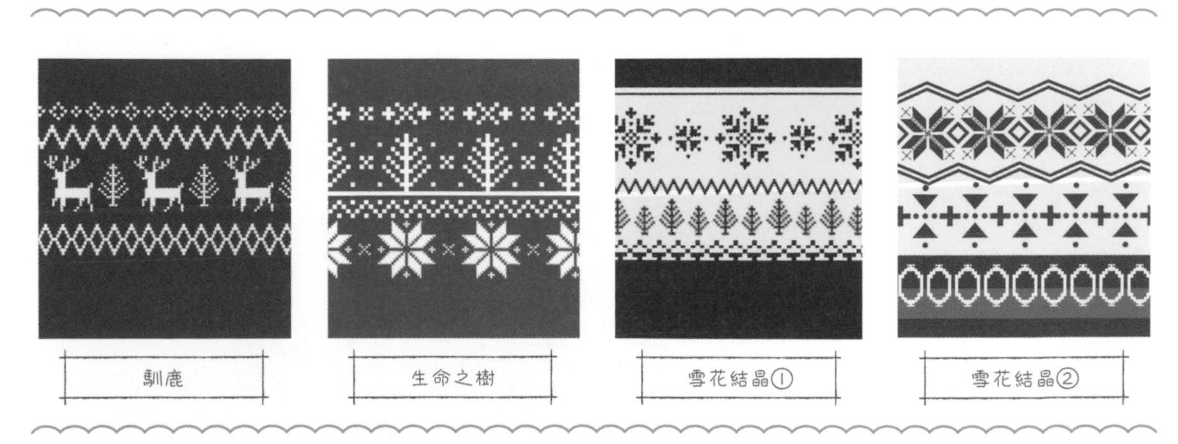

馴鹿　　生命之樹　　雪花結晶①　　雪花結晶②

格紋裙和罩衫的女孩穿搭

裙子上較粗的格紋顯眼又可愛，這是格紋裙搭配白色罩衫的穿搭。罩衫加上像毛衣般的圖案，但想要讓裙子很顯眼，所以將上衣紮進裙子裡。裙襬以毛絨稍加點綴，呈現出毛茸茸的可愛感。

以摩卡色整合的馴鹿形象穿搭

這是以冬天的動物——馴鹿為形象，同時利用摩卡色整合全身的穿搭。關鍵要素就是從大衣下襬若隱若現的白色裙子。以馴鹿的鹿角為形象，將髮型設計成雙馬尾。髮夾則是以雪球為形象。鞋子配合大衣的顏色，呈現出一致感。

滾邊針織短版小外套營造的純白高雅穿搭

這是可以隨意穿上的寬鬆長袖短版小外套搭配白色連身裙的純白穿搭。短版小外套的袖子設計成滾邊狀，呈現出大小姐的穿搭風格。圍巾、蝴蝶結和鞋子使用鮮豔的紅色，作為強調點。裙子加上北歐風格圖案，展現冬天感。

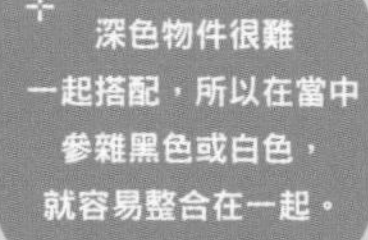

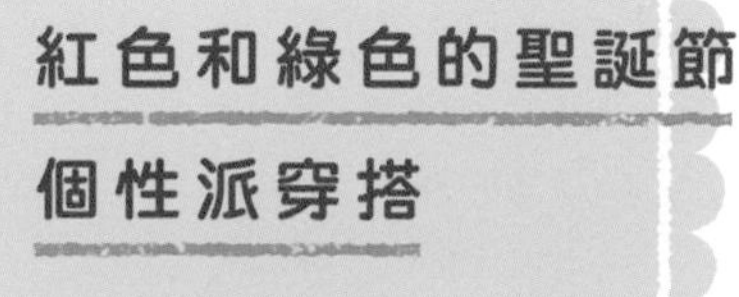

紅色和綠色的聖誕節個性派穿搭

紅色和綠色是聖誕節顏色的基本款。不過這兩種顏色都很強烈，所以不要讓顏色太過明亮，改成稍微降低彩度的顏色。強調點是從裙子開衩中若隱若現的格紋。建議將上衣紮在裙子裡。

PICK UP!

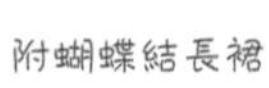

情人節穿搭

情人節風格的甜美巧克力穿搭

這是以巧克力色進行整合，較為甜美的女孩穿搭。附蝴蝶結針織衫在袖子和衣領處以滾邊作點綴，呈現出女孩氣質。腰部的大蝴蝶結使顏色融為一體，避免整體太過顯眼。頭髮捲蓬鬆一點，再以大腸髮圈紮起來，呈現出蓬鬆感。

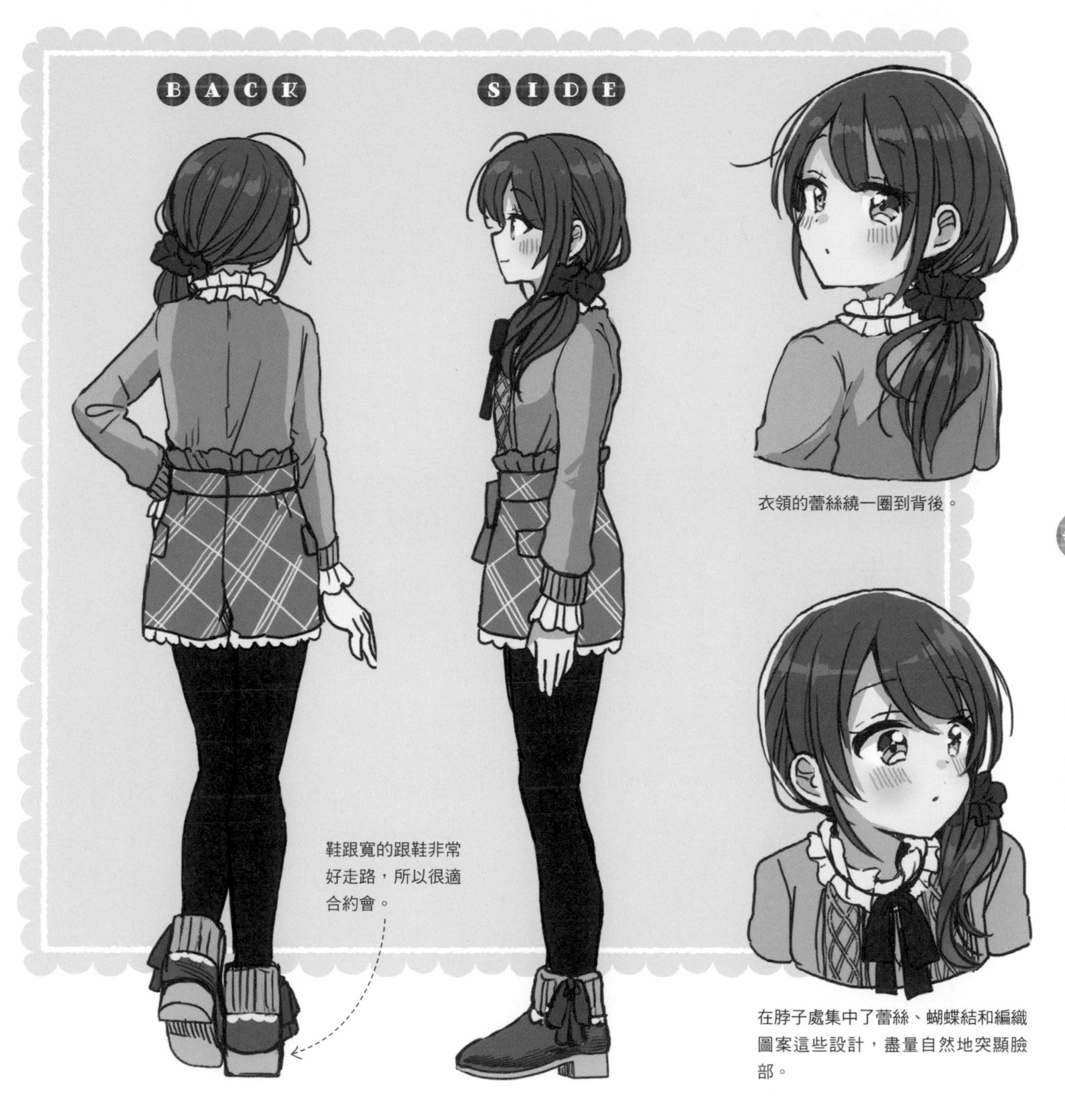

PICK UP Variation / 靴子的變化

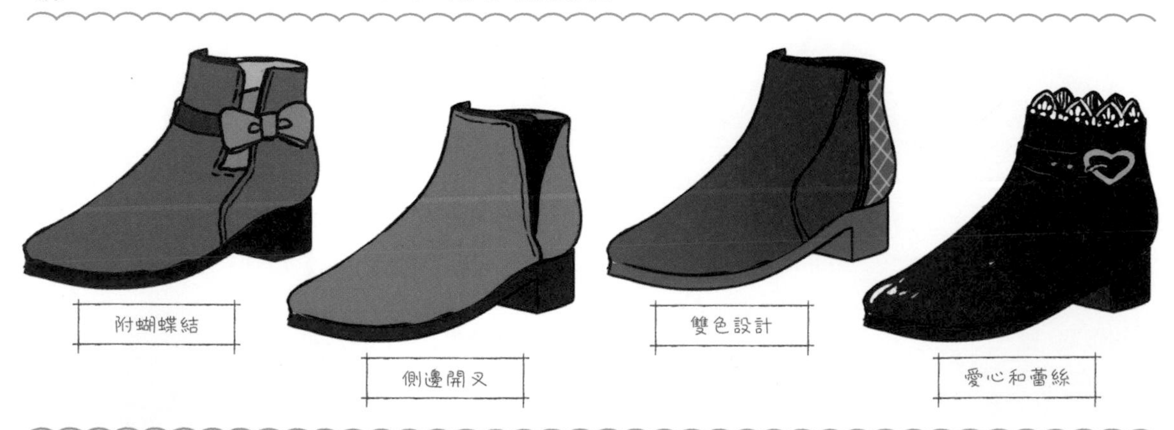

白巧克力色和牛奶巧克力色營造的巧克力色穿搭

這個穿搭是想像白巧克力色和牛奶巧克力色雙色交疊的顏色，以這種顏色去整合。同時以收緊腰身的背心裙將身材完美展現出來。雖然是同一種茶色，但將罩衫和褲襪的色調變深，做出顏色的深淺差異，藉此呈現變化。

粉紅色和棕色營造的情人節約會穿搭

這是粉紅色罩衫搭配棕色吊帶裙的穿搭。由黑色去襯托亮粉紅色。裙襬加上簡單的刺繡和蕾絲，讓裙子變可愛。罩衫設計成大衣領，營造女孩氣質。以黃色領帶作為強調點。

蛋糕連身裙營造的浪漫穿搭

這個穿搭是以連身裙作為重點搭配出來的，連身裙由四層橫向皺褶滾邊組成，帶有軟綿綿的大小姐風格。腰部有拼接設計，所以即使利用蛋糕裙呈現分量感，看起來也很苗條。鞋子選擇有光澤的白色，提升高級感。利用頭髮的花朵裝飾提升女人味。

開襟外套展現的可愛學生約會穿搭

這是以開襟外套為主要服裝，再搭配百褶裙的穿搭。開襟外套是前方下襬呈半圓狀貝殼邊剪裁，後面下襬較長的可愛設計。外套的深色色調和裙子的奶油色非常搭配。衣領蝴蝶結的黑色使整體顏色更鮮明。

COLUMN

裙子的改造

將基本的裙子稍加改變，就能更加提升個性和時尚度。
覺得有點不滿意時，就試著增添要素，展現獨創性吧！

CHAPTER 6

髮型設計

HAIR Catalog

短髮

很適合男孩子氣女孩的清爽髮型！

短髮是清爽髮型，而且是很適合活力系或男孩子風格的髮型。短髮給人的印象會因為捲髮方式、髮量和瀏海的緣故，產生極大變化，能做出孩子氣的氛圍，也可以營造出成熟感。短髮也是非常適合休閒或時尚風格穿搭的髮型。利用髮夾或編髮增添變化，就能提升可愛度。

也能根據造型的變化，呈現出女孩氣質喔！

中長髮

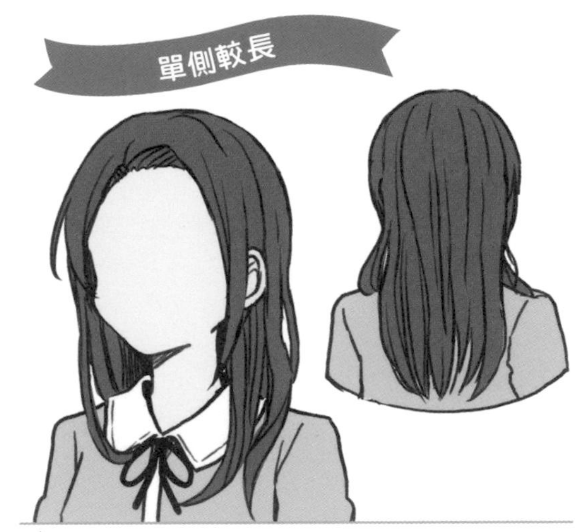

蓬鬆捲髮

髮尾內捲、捲度較小

髮尾內捲、一般捲度

髮尾內捲、捲度較大

最流行又能體驗不同的改造！

中長髮是指從肩膀到鎖骨左右的頭髮長度。和短髮、長髮相比，改造幅度大，像是燙捲、綁成公主頭、綁起來，或是剪成狼尾頭等，可以體驗各式各樣的風格。當然直接將頭髮披散下來也很可愛，所以中長髮可以說是方便運用的頭髮長度。配合角色做些改造吧！

覺得煩惱時，
就試著選擇中長髮吧！

HAIRSTYLE
03

長髮

直髮

蓬鬆公主頭

三股辮公主頭

髮尾燙捲

頭髮沒有披散到肩膀前的公主頭

髮尾燙捲且頭髮沒有披散到肩膀前

非常有女孩氣質的髮型！

長髮是比中長髮還長的髮型，是容易給人帶來女人味印象的長度。直接披散下來的話，素淨的氛圍就會增強。此外，公主頭綁起來很漂亮，所以很推薦這個髮型。不論頭髮是否有披散到肩膀前，氛圍都會有所不同，所以請試著配合角色嘗試看看。長髮非常適合素淨的服裝或有女人味風格的穿搭。

還是有女孩氣質又可愛的髮型喔！

HAIRSTYLE
04

馬尾

長髮、高馬尾

中長髮、高馬尾

捲髮、高馬尾

留下鬢髮、高馬尾

馬尾綁一個小圈、單側高馬尾

長髮、單側高馬尾

簡單且容易的髮型改造基本款！

這是將中長髮或長髮以髮圈或大腸髮圈紮成一束的髮型。所謂的馬尾或單側馬尾，就相當於這種髮型。若馬尾綁的位置較低，就會營造出成熟、認真的氛圍。綁的位置較高，則是形成開朗活潑的氛圍。即使綁的位置很高，加入較長的鬢髮、稍微燙捲，也都能呈現成熟感。

這種髮型也很容易
和做運動等情境
搭配在一起喔！

雙馬尾

長髮、綁細一點、高馬尾

下雙馬尾

髮量多的雙馬尾、中馬尾

髮量多的雙馬尾、高馬尾

短髮、低馬尾

瀏海撥在一起、中馬尾

中長髮、低馬尾

容易呈現特徵、充滿可愛氣息的綁法！

這是將頭髮分到兩邊再綁起來的綁法。基本上看起來是孩子氣的幼稚印象，所以和年紀輕的角色、蘿莉塔風格的穿搭是完美搭配。馬尾綁的位置高、使髮量豐盈，孩子氣的印象就會更加增強。相反地，綁的位置低，減少髮量的話，就能營造高雅印象。

和偶像系、有小聰明的角色的搭配度也極佳喔！

HAIRSTYLE
06

丸子頭

一般、高丸子頭

有垂髮的丸子頭、高丸子頭

兩顆丸子頭

有垂髮的丸子頭、低丸子頭

加入編髮的兩顆丸子頭

雙馬尾加垂髮丸子頭

加入編髮的丸子頭

較鬆垮的丸子

捲起來的丸子頭、高丸子頭

較大的丸子頭

Point

方便運用在各種情境的髮型！

不論是日常情境或正式情境，丸子頭是在各種時機都方便運用的髮型。可以呈現出不造作的時尚感，也容易展現時髦氛圍。綁成高丸子頭時，會形成淘氣鬼的印象，綁成低丸子頭時，則容易變成沉穩的大姊姊風格。若綁成兩顆丸子頭，也很容易和中華風的角色一起搭配。

不要綁得很漂亮、很圓，營造出蓬鬆有縫隙的樣子，就容易產生成熟感喔！

HAIRSTYLE
07

捲髮

蓬鬆捲髮

髮尾內捲

垂直螺旋捲、單側

垂直螺旋捲、後面頭髮呈披散狀

垂直螺旋捲、蓬鬆捲髮

波浪捲

呈現出高雅華麗感的有特色髮型！

這是呈現大小姐氛圍和端莊氣質等高雅形象的髮型。根據捲度和燙捲的位置，輕微波浪捲和確實燙捲等捲髮造型，給人的印象都會有所不同，但基本上會形成華麗的印象，所以捲髮非常適合禮服之類的服裝。燙出來的螺旋形狀像鑽孔機一樣的垂直螺旋捲在現實中不太常看到，但這種髮型可以塑造出有個性的角色。

這種髮型也帶有成熟感，所以也很容易搭配性感服裝喔！

編髮

蓬鬆感編髮

單側編髮

馬尾加入編髮

兩側有蓬鬆感的編髮

要稍微花點時間的時尚髮型！

編髮是很適合正經或成熟角色的髮型。若設計成像下雙馬尾一樣，就會形成相當穩重的印象，但加入一部分的編髮，就能看起來時尚又成熟。此外，加上躍動感的話，即使是活潑的女孩也很適合這個髮型。在插畫裡經常會變形，所以觀察實際照片、事先了解綁法，就比較容易繪製。

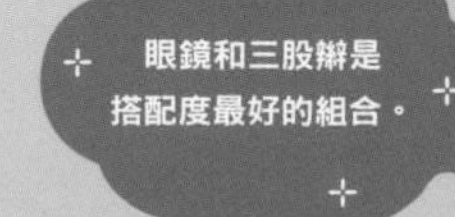

各種瀏海改造集

露出額頭

較短的瀏海

瀏海的形式也很豐富多元，試著搭配使用吧！

光是瀏海就有各式各樣的種類。將瀏海剪短後，就能看到眉毛，會形成表情明顯的開朗印象，如果留了長瀏海，就會變成沉穩的氛圍。之外，若選擇齊瀏海的話，會變得有點小聰明的感覺，露出額頭的話，則會變成活力型。只要稍微改變瀏海，外表給人的印象就有很大的差異，所以一定要嘗試各種變化。

可愛配件

髮箍

髮夾

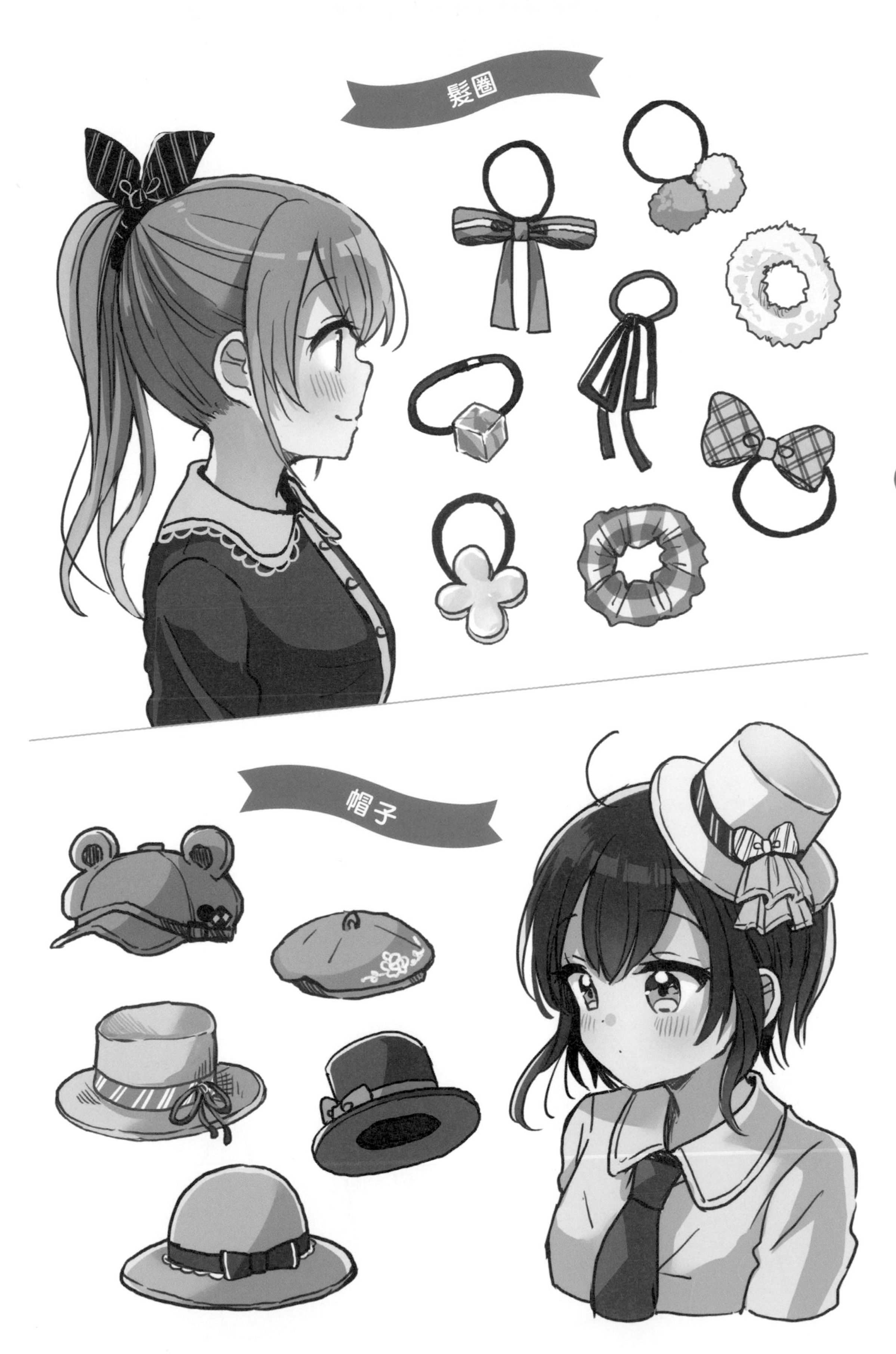
髮圈
帽子

T 恤

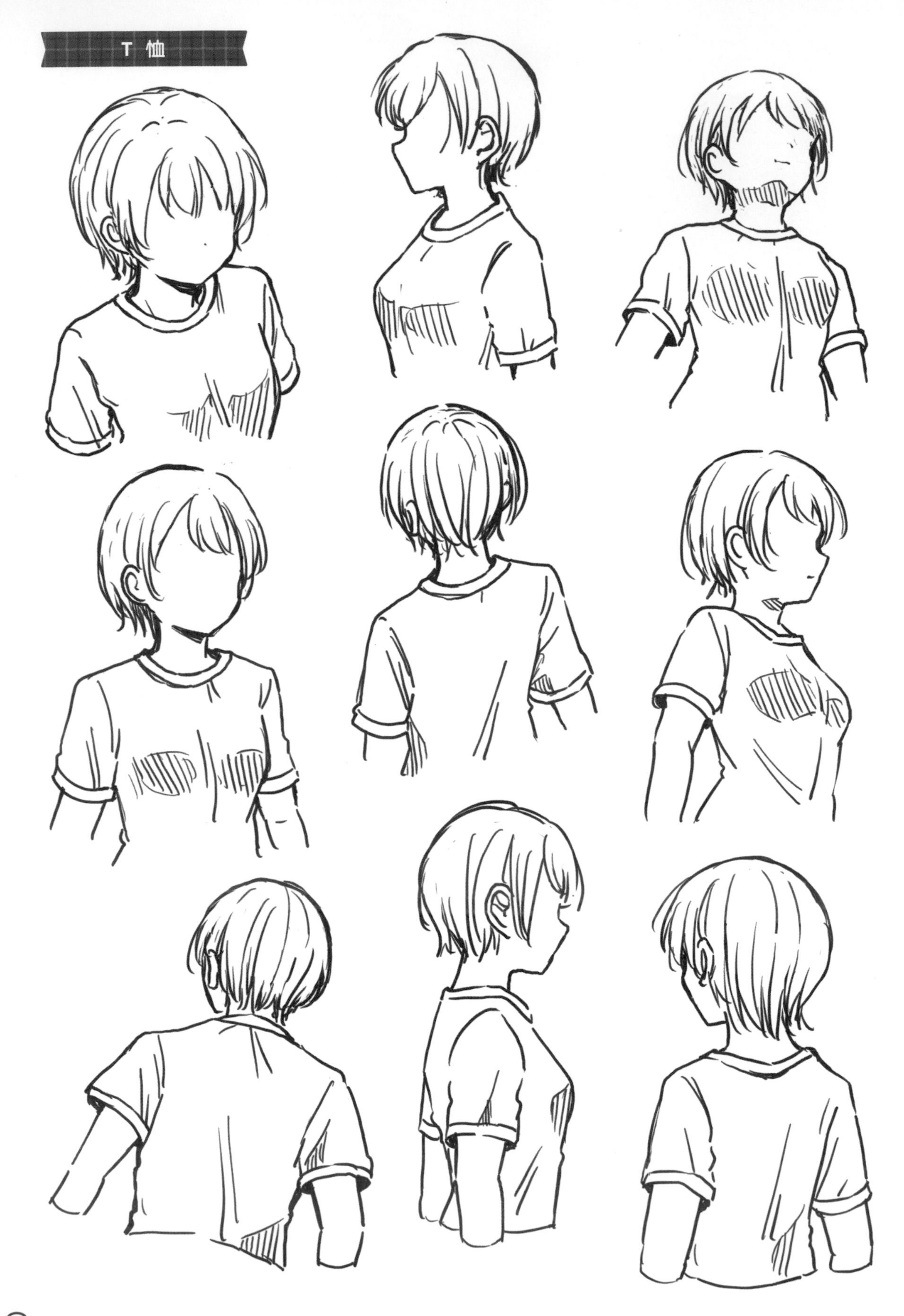

細肩帶

一般領

水手領

連帽上衣（脫掉兜帽）

連帽上衣（戴上兜帽）

棒球帽

有簷帽

復古摩登和裝女子
角色人物設計指引書

作者：神威なつき
ISBN：978-957-9559-91-1

黑白插畫世界
jaco 畫冊 & 插畫技巧

作者：jaco
ISBN：978-626-7062-02-9

擴展表現力
黑白插畫作畫技巧

作者：jaco
ISBN：978-957-9559-14-0

手部動作の作畫技巧

作者：きびうら 等
ISBN：978-626-7062-06-7

學習了解！懂得挑選！靈活運用！
畫材 BOOK

作者：磯野 CAVIAR
ISBN：978-957-9559-77-5

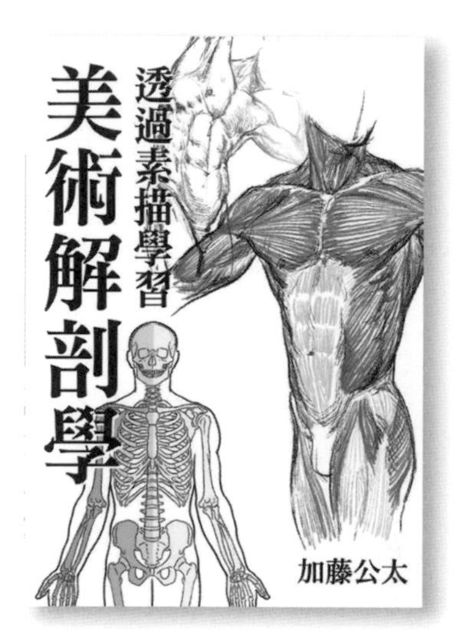

透過素描學習
美術解剖學

作者：加藤公太
ISBN：978-626-7062-09-8

描繪廢墟的世界

作者：TripDancer 等
ISBN：978-957-9559-78-2

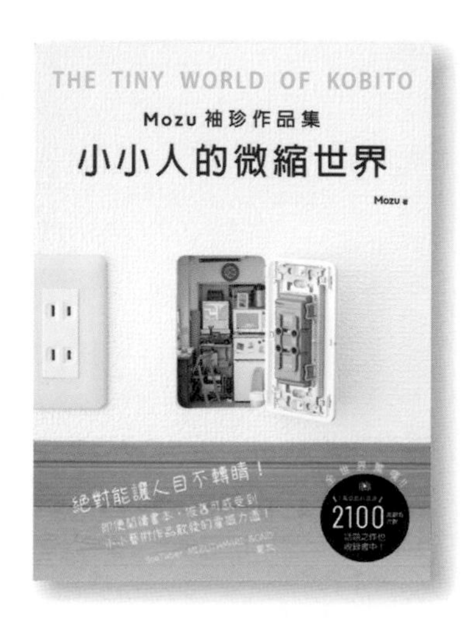

Mozu 袖珍作品集
小小人的微縮世界

作者：Mozu
ISBN：978-626-7062-05-0

吉田誠治作品集&
掌握透視技巧

作者：吉田誠治
ISBN：978-957-9559-61-4

SCULPTORS 造型名家選集 05
原創造形 & 原型作品集
塗裝與質感

作者：玄光社
ISBN：978-626-7062-20-3

竹谷隆之 畏怖的造形

作者：竹谷隆之
ISBN：978-957-9559-53-9

獸人姿勢集
簡單 4 步驟學習素描 & 設計

作者：玄光社
ISBN：978-986-0676-52-5

飛廉
岡田恵太造形作品集 &
製作過程技法書

作者：岡田恵太
ISBN：978-957-9559-32-4

大畠雅人作品集
ZBrush ＋造型技法書

作者：大畠雅人
ISBN：978-986-9692-05-2

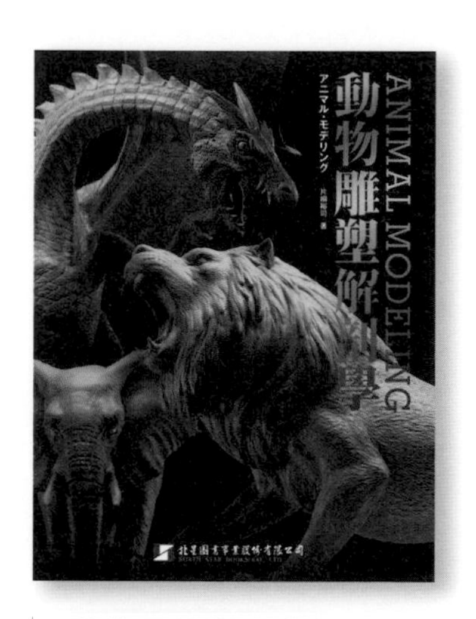

動物雕塑解剖學

作者：片桐裕司
ISBN：978-986-6399-70-1

龍族傳說
高木アキノリ作品集＋
數位造形技法書

作者：高木アキノリ
ISBN：978-626-7062-10-4

佐倉織子

擅長童話幻想風世界觀的插畫家兼漫畫家。目前活躍領域廣泛，包括童書、角色設計、書籍封面插畫、遊戲插畫等等。著有《佐倉おりこ画集 Fluffy》、《メルヘンファンタジーな女の子のキャラデザ＆作画テクニック》《メルヘンでかわいい女の子の衣装デザインカタログ》（皆為玄光社出版）、漫畫《すいんぐ!!》（實業之日本社）、系列封面插畫《四つ子ぐらし》等眾多作品。

Twitter：@sakura_oriko　個人網站：https://www.sakuraoriko.com/

童話風可愛女孩的

服裝穿搭設計

作　　者　佐倉織子
翻　　譯　邱顯惠
發 行 人　陳偉祥
出　　版　北星圖書事業股份有限公司
地　　址　234 新北市永和區中正路 462 號 B1
電　　話　886-2-29229000
傳　　真　886-2-29229041
網　　址　www.nsbooks.com.tw
E–MAIL　nsbook@nsbooks.com.tw
劃撥帳戶　北星文化事業有限公司
劃撥帳號　50042987
製版印刷　皇甫彩藝印刷股份有限公司
出 版 日　2022 年 9 月
I S B N　978-626-7062-12-8
定　　價　450 元

如有缺頁或裝訂錯誤，請寄回更換。

國家圖書館出版品預行編目 (CIP) 資料

童話風可愛女孩的服裝穿搭設計 / 佐倉織子著；
邱顯惠翻譯 . -- 新北市 : 北星圖書事業股份有限公司 , 2022.09
144 面 ; 18.2x25.7 公分
譯自 : メルヘンでかわいい女の子の衣装コーディネートカタログ
ISBN 978-626-7062-12-8（平裝）

1.CST: 插畫 2.CST: 繪畫技法

947.45　　110021675

官方網站

臉書粉絲專頁

LINE 官方帳號